basic
deko

petra boase

basic deko

130 genial einfache Wohn-Ideen ganz leicht selber machen.

Aus dem Englischen übersetzt von **Sabine Büch**

a style book

Die Originalausgabe erschien 1999 in Großbritannien
unter dem Titel »funky junk« bei Carlton Books Limited
20-2 Mortimer Steel
London WIN 7RD

ISBN 3-7742-4944-X

Printed in Dubai U.A.E

Übersetzung aus dem Englischen: Sabine Büch
Umschlaggestaltung: Sybille Korffmacher,
Grafikhaus München
Umschlagfotos: Carlton Books Limited
Herstellerische Betreuung: Verlagsservice Rau, München
Druck und Bindung: Oriental Press,Dubai.

Inhalt

Einleitung

Instant Deko – das klingt ein bisschen wie »aufreißen, einrühren, fertig!« – und, zugegeben: immerhin geht es fast so schnell. Denn die Ideen, die Sie in diesem Buch erwarten, können allesamt an einem Wochenende, oder noch schneller, umgesetzt werden. Sie brauchen dazu nur ganz wenig: Weder ausgefallenes Spezial-Zubehör, noch eine dicke Brieftasche oder eine Menge Zeit. Das einzige, das sie benötigen, ist Ihre eigene Kreativität und Lust, etwas zu gestalten. Und die werden Sie – sobald Sie erst einmal angefangen haben, die Instant Deko-Idee umzusetzen – wahrscheinlich so schnell auch nicht mehr los. Etwas selber zu machen macht eben einfach Spaß, besonders dann, wenn man mit wenig Aufwand viel bewerkstelligen kann, und genau dazu möchten Sie die folgenden Vorschläge inspirieren. Sie brauchen auch keine Auszeichnung als Profihandwerker dafür, denn alle Arbeitsvorgänge sind Schritt für Schritt beschrieben und ganz leicht nachvollziehbar. Die Grundidee dabei ist ganz einfach: Sie nehmen etwas, was Sie schon im Haus haben und machen etwas Anderes daraus. Klingt einfach? Ist es auch! Dinge, die Sie bisher achtlos weggeworfen haben, Möbel, die Ihnen nicht mehr gefallen, all dies werden Sie bald mit den Augen der ungehemmten Fantasie betrachten... Also: worauf warten Sie? Ziehen Sie einen alten Overall über und lassen Sie Ihren kreativen Energien freien Lauf – viel Spaß dabei!

Zehn goldene Regeln

1 Besuchen Sie Flohmärkte und Trödler, um interessante Schnäppchen zu machen.

2 Tragen Sie Mundschutz und Schutzbrille, wenn Sie Holz schneiden oder abschleifen.

3 Gehen Sie in Indien- und Orientshops; Sie finden dort die erstaunlichsten Dinge zu supergünstigen Preisen.

4 Recyclen Sie.

5 Legen Sie den Raum, in dem Sie mit Farbe arbeiten, mit Abdeckfolie aus.

6 Kaufen Sie eine kleine Testmenge der Farbe, die Sie verwenden wollen und probieren Sie sie an einer Stelle der zu behandelnden Oberfläche aus, um sicher zu gehen, dass Ihnen die Farbe auf dem Material auch gefällt.

7 Tragen Sie Gummihandschuhe, wenn Sie etwas mit der Hand bleichen und wenn Sie mit Farben arbeiten, die nicht auf Wasserbasis hergestellt sind.

8 Wenn Sie mit mehreren Pinseln gleichzeitig arbeiten, wickeln Sie diejenigen, die Sie gerade nicht brauchen, in Plastiktüten ein, damit sie nicht austrocknen.

9 Egal, ob Möbel, Wände oder Böden: Bereiten Sie die Fläche, die Sie gestalten wollen, sorgfältig vor.

10 Wenn Sie in geschlossenen Räumen mit Farbe arbeiten, lassen Sie Fenster und Türen offen, damit Dämpfe abziehen können und tragen Sie, falls nötig, einen Mundschutz.

ANTIQ

Recycling

Eigentlich ist Recycling ja eine lästige Angelegenheit. Seit Jahren nun trennen wir fein säuberlich jeden Joghurtdeckel von seinem Becherchen, haben gelbe, grüne und braune Tonnen in unseren Küchen wohnen und dafür weniger Platz – aber: was tut man nicht alles für die Umwelt. Dass Recycling auch Spaß machen kann und andererseits die Wiederverwertung so ernst nehmen, dass so mancher so genannter Müll das Haus erst gar nicht mehr verläßt, das wissen die Wenigsten. Wer aber seine Sinne erst einmal auf das »wahre Recycling« eingeschworen hat, der wird fortan Dinge, die andere schlichtweg als Abfall titulieren, mit ganz anderen Augen betrachten: All die wunderbaren

Los geht´s

Sachen, aus denen man noch etwas machen könnte ... Sicher kennen Sie die Gelegenheiten, bei denen man einmal so richtig ausmistet, weil man sich sagen hört »das muß hier mal anders aussehen, ich kann den alten Krempel nicht mehr sehen ...« – und erst mal großzügige Fahrten auf den Schrottplatz unternimmt. Nicht so eilig. Überlegen Sie, bevor sie etwas wegwerfen – viele Dinge kann man vielleicht nochmal aufpeppen und sie mit ein bißchen Fantasie in ganz neue Objekte verwandeln? Sparen Sie sich doch das Geld für Neues und seien Sie stattdessen kreativ!

Do it yourself

Do it yourself ist Modetrend Nummer eins. Niemals zuvor haben Menschen einen solchen Enthusiasmus an den Tag gelegt, wenn es darum ging, Dinge selber zu

gestalten und demnach gibt es auch eine Fülle von Fernsehsendungen, Büchern und Magazinen zu diesem Thema, die einem tolle und vor allem auch umsetzbare Ideen liefern. Ob Sie nun ein eingefleischter Do it yourself-Anhänger sind, oder ob Sie noch nie etwas in der Richtung gemacht haben, ganz egal. Die folgenden Seiten dieses Buches werden Ihnen sicher Lust machen, anzufangen. Ob Sie nun einzelne Stücke neu beleben, oder man Sie schließlich davon abhalten muß, Ihre gesamte Wohnung umzugestalten – lassen Sie sich inspirieren! Vergessen sie lange Einkaufslisten mit Zubehör und Materialien – ziehen Sie einfach ein paar alte Klamotten an und lassen Sie ihrer Fantasie freien Lauf.

Nehmen Sie sich genügend Zeit und beginnen Sie keine Projekte, die Sie nicht beenden können. Kreativ-Sein unter Zeitdruck macht keinen Spaß, und das ist ja schließlich der halbe Sinn.

Lassen Sie sich inspirieren von diesen Ideen, um Ihre Fantasie zu wecken und Ihre Kreativität ins Fließen zu bringen. Bevor Sie sich umsehen, werden Sie feststellen, wie Sie sich auf alles mögliche Zeug stürzen und überlegen, was man damit anstellen könnte, um es individuell zu gestalten und es mit neuem Schwung zu versehen.

Farbe

Viele Leute sind sehr vorsichtig, wenn es darum geht, Farbe in die Wohnung zu bringen und wissen gar nicht, dass Farben, wenn sie richtig eingesetzt werden, verschiedene Stimmungen erzeugen oder die Atmosphäre eines Raumes verändern können. Wenn Sie sich nicht sicher sind, in welcher Farbe Sie ihre Möbel, Wände oder Böden streichen sollen, und wie sie letztendlich wirkt, kaufen Sie ein Farbmuster und probieren Sie es zuerst an einer Stelle aus. Gleiches gilt für Bezüge und Gardinen – fragen Sie nach einem Stoffmuster um zu sehen, ob Ihnen der Stoff in dem dafür gedachten Raum auch gefällt. In vielen Fachgeschäften wird ein Farbanpassungs-Service angeboten. Wenn Sie also eine Farbe gefunden haben, die Sie verwenden wollen, sei es ein Stück Stoff oder ein Papierschnipsel, wird man dort versuchen, diesen Ton für Sie anzumischen.

Stil

Wie in der Mode auch, so sind Einrichtung und Design ständig wechselnden Stilrichtungen unterworfen, und es ist kostspielig, wenn man immer auf dem neuesten Stand sein möchte. Auch wenn Sie kein großes Budget haben, gibt es genügend Wege, Ihrem Zuhause ein neues Gesicht zu geben, ohne gleich ein anderes Sofa oder einen neuen Tisch kaufen zu müssen. Die Lösung ist, die Dinge, die sie bereits besitzen, mit Kreativität und ein bisschen Zubehör zu verändern. Sie können die folgenden Ideen eins zu eins übernehmen, Sie können sie aber auch Ihrem eigenen Stil angleichen. Es gibt weder richtig noch falsch. Wichtig ist nur, dass es Ihnen Spaß macht und dass Sie mit dem Ergebnis zufrieden sind.

Möbel

Möbel- und Einrichtungstrends ändern sich ständig, aber es gibt eine Menge Tricks, wie Sie so manche Stücke, die Ihnen nicht mehr gefallen, ganz leicht in Objekte neuen Begehrens verwandeln können. Sie brauchen weder viel Geld oder Zubehör noch einen Abschluss in Heimwerken – möbeln Sie ein verstaubtes Stück vom Trödel auf und geben Sie ihm ein völlig neues Erscheinungsbild, indem Sie es einfach mit ein paar Strichen Farbe behandeln, es neu beziehen oder mit ein paar Griffen versehen. Fragen Sie in spezialisierten Fachgeschäften, ob Sie Werkzeug gegen Gebühr ausleihen dürfen- und wenn Sie Holz zuschneiden müssen: In beinahe jedem Baumarkt gibt es einen entsprechenden kostenlosen Service, oder Sie bitten einen Schreiner um Hilfe. Wenn es Zeit ist, ihre Sammlung mal wieder etwas aufzufrischen, fahren Sie doch ab und zu auf dem Schrottplatz vorbei, gehen Sie zu Entrümpelungen und Haushaltsauflösungen, besuchen Sie Floh-, Antik- und Trödelmärkte. Sie werden staunen, was für interessante, abgefahrene Sachen Sie finden werden. Dinge, die nur darauf warten, von Ihnen zu neuem Leben erweckt zu werden.

Küchenstühle

Alte Küchenstühle haben zwei Vorteile: Sie sind günstig zu erstehen und man kann sie jedem Farbschema anpassen. Falls Sie eine erlesene Mischung verschiedenster Formen und Stilrichtungen besitzen – kann das den Reiz erst ausmachen. Ein schneller Anstrich ist alles, was es braucht, um das Set einheitlich zu gestalten. Oder Sie behandeln jeden Stuhl individuell, streichen jeden in einer anderen Farbe oder versuchen dekorative Effekte, wie Reißlack. Wie immer, wenn Sie mit Holz arbeiten, ist es wichtig, dass Sie die gesamte Oberfläche von alter Farbe befreien, indem Sie sie mit Sandpapier abschleifen, sie mit einem feuchten Tuch oder einem Staubpinsel reinigen und anschließend eine Grundierung auftragen.

Mint & Creme

Zwei Schichten cremefarbenen Acryllack auftragen. Reißlack auftragen (S. 154). Trocknen lassen und eine Schicht mintfarbenen Lack auftragen. Mit Klarlack versiegeln.

Der Klassische

Zwei Schichten elfenbeinfarbenen Acryllack auftragen. Danach mit Möbelwachs einreiben, um sie zu versiegeln. Einen alten Pulli in der Maschine sehr heiß waschen, damit er einläuft. Über die Sitzfläche spannen und von unten mit einem Handtacker befestigen.

Think Pink

Zwei Schichten pinkfarbenen Lack auftragen. Danach die Oberfläche mit Wachs einreiben. Zwei Schichten roten Lack darüberstreichen. Trocknen lassen, mit feinem Sandpapier abrubbeln, um die Grundfarbe vorscheinen zu lassen.

Glitzerblau

Streichen Sie den Stuhl mit kobaltblauem Acryllack. Danach tragen Sie drei Schichten blauen Glitzerlack auf. Beziehen Sie die Sitzfläche mit Glitzerstoff; unten mit einem Handtacker befestigen.

Betont gelackt

Tragen Sie zwei Schichten hellblauen Acryllack auf und lassen Sie jede trocknen. Betonen Sie das Design des Stuhles mit einem Stift und ziehen Sie die Linien mit einem in schwarzen Lack getauchten feinen Pinsel nach.

Einen intensiven Farbschimmer erzielen Sie, wenn Sie jede Lackschicht nach dem Trocknen mit Schleifpapier aufrauhen, gut abstauben und erst dann die folgende Farbschicht auftragen.

Geschirrhandtuch

Spannen Sie einfach ein ungebrauchtes Geschirrhandtuch über die Sitzfläche, tackern Sie es fest und schneiden Sie überstehende Stoffreste ab.

Initialen

Schneiden Sie ein Stück Leintuch auf die benötigte Größe zu. Malen Sie mit einem Textilstift (s. Seite 150) eine Initiale in die Mitte des Stoffstückes und füllen Sie den Buchstaben aus, indem Sie ihn mit einem Stich Ihrer Wahl nachsticken. Spannen Sie den Stoff über die Sitzfläche und befestigen Sie ihn mit Klammern, Nägeln oder starkem doppelseitigem Klebeband.

Bevor Sie den Stoff für die Stuhlfläche zuschneiden, machen Sie sich ein Muster aus einem alten Stoffrest, das Sie als Schablone für den Überzug benutzen. Wenn Sie das Muster zuschneiden, genügend Stoff für die Befestigung einplanen, besonders für Textilien, die ausfransen.

Sitzflächen

Eine herausnehmbare Sitzfläche neu zu beziehen ist ein wunderbarer Weg, um einem Stuhl ein neues Aussehen zu verpassen. Die schnellste Methode ist, den dafür ausgewählten Stoff auf der Unterseite der Sitzfläche mit einem Handtacker, Polsternägeln oder Klebeband zu befestigen. Arbeiten Sie zuerst an den jeweils gegenüberliegenden geraden Seiten, indem Sie die Ecken lose aussparen. Um die Ecken faltenlos hinzubekommen, schneiden Sie zuerst den überflüssigen Stoff auf ein Minimum zurecht und schlagen dann die Enden unter. Vor dem Festklammern noch einmal fest straffen.

Mohair

Schneiden Sie einen alten Mohair-Pullover zurecht und säumen ihn ein, damit die Maschen nicht anfangen zu laufen. Spannen Sie den Pulli über die Sitzfläche und tackern ihn auf der Unterseite fest.

Falsches Kroko

KroKo-Imitat aus Vinyl sieht fast aus wie richtiges Krokodilleder, ist aber viel preiswerter. Schneiden Sie das Vinyl zurecht, spannen Sie es über die Fläche und befestigen Sie es von unten mit Klammern oder Polsternägeln.

Jeans

Jeansstoff ist am laufenden Meter erhältlich und genau das Richtige, um einem Stuhl ein lässiges Aussehen zu verpassen. Zurechtschneiden, über die Sitzfläche spannen und mit Klammern, Nägeln oder doppelseitigem Klebeband befestigen.

Zottelmatte

Eine neue Badematte oder auch ein Handtuch ergeben den perfekten Stuhl fürs Bad. Schneiden Sie das Material auf die gewünschte Größe zurecht und befestigen Sie es auf der Unterseite mit Klammern, Nägeln oder stark haftendem Klebeband.

Leinwand und Nägel

1 Spannen Sie ein Stück Künstlerleinwand über eine Tischplatte und befestigen Sie den Stoff auf der Unterseite mit Hilfe eines Handtackers. Um ein faltenfreies Anliegen des Stoffes zu erzielen, fixieren Sie die gegenüberliegenden Seiten des Tisches zuerst, dann die Tischenden. Die Ecken sparen Sie noch aus.

2 Schneiden Sie das überflüssige Material an den Ecken ab und schlagen Sie die losen Kanten sauber unter. Spannen Sie den Stoff noch einmal gut, bevor Sie ihn mit dem Tacker befestigen.

3 Tragen Sie zwei bis drei Schichten weißen Glanz-Acryllack auf die Leinwand auf, lassen Sie aber jede Schicht trocknen, bevor Sie mit der nächsten beginnen.

4 Zum Schluss, wenn die Farbe trocken ist, schlagen Sie in regelmäßigen Abständen kurze schwarze Nägel oder bunte Reißzwecke rund um die Tischplatte seitlich in das Holz.

Der Tisch kann mit einem feuchten Lappen abgewischt werden; um hartnäckigere Flecken zu »entfernen« tragen Sie einfach eine weitere Schicht weiße Farbe auf.

Tischplatten

Wenn Ihre Tischplatte schon etwas abgenutzt aussieht – hier sind ein paar Ideen, wie Sie sie wieder in Schwung bringen. Nicht alle Gestaltungen sind hitzebeständig, verwenden Sie also lieber Tischsets, wenn Sie heiße Töpfe auftragen. Falls Sie Ihren Tisch nur kurzfristig verwandeln wollen, ohne ihn von Grund auf zu verändern, lassen Sie sich ein passendes Stück Spanplatte oder MDF leicht zuschneiden, und gestalten Sie dieses. Wenn Sie Farbe direkt auf die originale Tischplatte auftragen, bereiten Sie die Oberfläche sorgfältig vor. Dazu schleifen Sie sie mit Sandpapier ab, vorher eventuelle lose Altanstriche vorsichtig mit grobem Schleifpapier oder einem Spachtel entfernen. Mit einem feuchten Tuch oder einem Staubbesen säubern und die trockene Fläche mit einer Grundierung behandeln. Nachdem Sie Ihren Tisch mit dem nachfolgenden gewünschten Effekt versehen haben, tragen sie einige dünne Schichten Acryl-Siegellack auf, bevor Sie den Tisch in Benutzung nehmen.

Tischsets mit Schablonen

1 Tragen Sie zwei oder drei Mal Acryllack auf die vorbereitete Oberfläche auf, dabei jeweils trocknen lassen.
2 Zeichnen Sie das gewünschte Design auf eine Schablone (z.B. festen Karton oder Folie) und schneiden Sie es mit einem Universalmesser aus.
3 Befestigen Sie die Schablone mit Kreppband oder Sprühkleber auf dem Tisch. Mit einem Pinsel füllen Sie nun die Freiräume mit Emailfarbe aus. Am nächsten Platz mit einer anderen Farbe wiederholen.
4 Wenn die Farbe trocken ist, geben Sie ein paar Schichten klaren Acryllack auf die Tischplatte.

Pünktchenbezug

1 Hier ist es wichtig, dass die zu behandelnde Oberfläche glatt, eben und staubfrei ist. Messen Sie die Platte aus oder fertigen Sie eine genaue Schablone aus Papier an. Lassen Sie sich ein Stück gemustertes Laminat in einem Fachgeschäft entsprechend zuschneiden.

2 Ecken mit Schleifpapier glätten und das Laminat mit einem Kontaktkleber auf die Tischplatte kleben. Beschweren, bis der Klebstoff getrocknet ist.

3 Den roten Rand können Sie mit Acryllack aufmalen.

Schachbrett

1 Präparieren und grundieren Sie die Tischplatte. Tragen Sie dann zwei Schichten weißen Acryllack auf, lassen Sie aber jede Schicht trocknen.

2 Zeichnen Sie mit einem Bleistift zart einen Rand und das Schachbrettmuster in Form von 8 x 8 Quadraten auf.

3 Verkleben Sie die Quadrate einer Partei mit Kreppband, dabei exakt arbeiten. Die verbleibenden Quadrate bemalen Sie nun in zwei Schichten mit schwarzem Acryllack.

4 Nach dem Trocknen alles Kreppband entfernen und den Tischrand in zwei Schichten mit türkisfarbenem Acryllack streichen.

5 Zum Schluss die trockene Tischplatte mit zwei Schichten klarem Acryllack versiegeln.

Rosen im 50er Jahre – Stil

1 Tragen Sie zwei Schichten hellblauen Acryllack auf die vorbereitete Oberfläche auf, die jeweiligen Schichten trocknen lassen.

2 Falls Sie eine ruhige Hand haben, malen Sie die Rosen mit einem feinen Pinsel frei auf, indem Sie für Stiele und Blätter blau-grünen, für die Blüten pinkfarbenem Künstler-Acryllack verwenden. Falls nicht, arbeiten Sie mit einer Schablone (siehe Seite 156).

3 Setzen Sie in die Zwischenräume zarte weiße Tupfen.

4 Wenn die Farbe getrocknet ist, versiegeln Sie die Tischplatte mit zwei Schichten klarem Acryllack, wobei Sie jede Schicht für sich trocknen lassen.

Tischdekorationen

Die folgenden Tischdekorationen sind schnell gemacht und nur provisorisch – ideal also, um die entsprechende Atmosphäre für eine Party oder andere nette Gelegenheiten zu zaubern und ihre Gäste in die richtige Stimmung zu bringen. Bevor Sie nun aber losziehen, um Materialien und Zubehör für die gezeigten Ideen zu besorgen, sehen sie erst einmal nach, was sich in Ihren Regalen nicht schon alles verbirgt, das man wunderbar brauchen kann. Sie werden sehen, das meiste haben Sie zu Hause. Falls die Party nicht zu hoch herging, heben Sie das Material für die nächste Gelegenheit auf, die Gäste werden sicher nicht auf sich warten lassen.

Glitzernde Pailletten

Beziehen Sie die Tischplatte mit eingesäumtem rosa Satinstoff und streuen Sie eine Mischung aus bunten Pailletten darauf. Legen Sie anschließend eine Lage durchsichtige PVC-Folie darüber und befestigen Sie diese unter dem Tisch, so kann man den Tisch jederzeit feucht abwischen, ohne dass die Pailletten verrutschen.

Rot & Weiß

Stellen Sie Ihre Tafel unter ein Farbmotto. Dazu nehmen Sie beispielsweise einen Schürzenstoff, den Sie einsäumen und über den Tisch drapieren. Wählen Sie den Stoff zweifarbig und lassen Sie nur diese beiden Farben in Ihrer Dekoration wiederkehren.

Tischsets mit Foto

Kleiner Spaß für alle: Lassen Sie Fotos von den Gästen, die kommen werden, auf 25 x 30 cm vergrößern und diese im Copyshop laminieren – Reaktionen werden wohl kaum ausbleiben.

Tafel und Kreide

Lassen Sie sich für jedes Platzset eine 3 mm starke MDF-Platte auf 25 x 30 cm zuschneiden. Glätten Sie die Ecken mit Schleifpapier und tragen Sie dann auf eine Seite zwei Schichten Tafel-Lack auf, dazwischen trocknen lassen. Fortan sind der Fantasie keine Grenzen gesetzt: Stellen Sie ein Glas mit Kreide neben jeden Platz, damit sich ihre Gäste selbst austoben können...

Werfen Sie die Sets nach der Party nicht weg. Sie können Sie für eine andere Gelegenheit übermalen, die Tafeln kann man abwischen und wieder verwenden.

Bunte Bänder

Ideal, um eine frische Sommerparty, eine festliche Taufe, die Obsternte, etc., preiswert und variabel zu dekorieren. Nehmen Sie als Tischunterlage weiße Papiertischtücher und drapieren Sie bunte Schleifen aus Satin, Tüll, Organza, Baumwolle, etc. in verschiedenen Farben darüber. Legen Sie zuerst die Bänder in den gewünschten Abständen längs auf die Decke, um zu sehen, ob Ihnen die Farben und die Anordnung so gefallen. Dann fügen Sie die Bänder für die Querseite dazu, indem Sie sie einmal über, einmal unter den Längsbändern durchweben. Als Beschwerung binden Sie zum Beispiel Plätzchenförmchen an die Schleifenenden, aber natürlich haben Sie hier alle Möglichkeiten, die Dekoration dem Anlaß ganz speziell anzupassen: Sie können kleine Likör- oder Schnapsfläschchen, Muscheln, Perlen, Mini-Gläser mit Selbst-Eingemachtem oder kleine Geschenke an die Enden binden…

Um diese Dekoration nach Drinnen zu verlagern, verwenden Sie verschiedenfarbige Stoffe oder Stoffbahnen anstatt einer Papiertischdecke und legen oder weben Sie die Bänder darüber.

Kommoden

Das A und O beim Renovieren und Behandeln von Möbelstücken ist die richtige Vorbereitung. Also: Auch, wenn es mühsam ist, nehmen Sie sich Zeit, um alte Griffe abzuschrauben, abblätternde Farbe zu entfernen und das Material gut abzuschleifen, um es anschließend mit Holzgrundierung oder Unterlack zu behandeln. Legen Sie Zeitungen oder Leintücher unter und hetzen Sie auf keinen Fall mit dem Anstreichen: Bevor Sie eine neue Farbschicht auftragen, muß die Darunterliegende ganz trocken sein.

Silbertruhe

1 Präparieren und grundieren Sie die Oberfläche, stellen Sie die Kommode mit den Schubladen nach oben auf und tragen Sie eine Schicht Metall-Lack auf, indem Sie immer in eine Richtung arbeiten. Mindestens 30 Minuten, aber nicht länger als eine Stunde trocknen lassen, dann die zweite Schicht auftragen.

2 Streichen Sie so auch die Oberseite der Truhe. Wenn der Lack trocken ist, drehen Sie die Kommode so, dass Sie immer horizontal arbeiten können.

3 Wenn der Lack überall trocken ist, bringen Sie an den Schubladen neue, glänzende Metallgriffe an.

Babyrosa

1 Präparieren und grundieren Sie die Oberfläche, stellen Sie die Kommode mit den Schubladen nach oben auf und tragen Sie zwei Schichten glänzenden rosa Acryllack auf die Schubladen und die Vorderseite auf.

2 Streichen Sie die eine Seite der Kommode auf die gleiche Weise und drehen Sie sie, wenn der Lack trocken ist, um die anderen Seiten zu bemalen.

3 Für die Griffe schneiden Sie für jede Schublade zwei Stück rosafarbenes Vinyl-Maßband zu je 30 cm Länge zu. Formen Sie die Bänder zu einer Schlaufe und befestigen Sie diese mit Reißzwecken an den Schubladen.

Badezimmer – Schränkchen

1 Säubern und grundieren Sie das Holz und tragen Sie dann zwei Schichten weißen Acryllack auf Schubladen und Oberseite des Schränkchens auf, dabei jede Schicht gut trocknen lassen.
2 Streichen Sie die restlichen Flächen mit zwei Schichten grünem Acryllack, auch hier zwischendurch gut trocknen lassen.
3 Schließlich versiegeln Sie die Oberfläche mit zwei bis drei Schichten glänzendem Acryl – Siegellack.
4 Sobald die Farbe trocken ist, bringen Sie grüne Harz-oder Plastikgrifffe in Kreuzform an, wahlweise können Sie die Kreuze auch aus MDF ausschneiden, grün anstreichen und auf die Schubladen schrauben.

Bunt gestreift

1 Bei diesem Stück kommt es auf die richtige Auswahl und Zusammenstellung der Farben an – nehmen Sie sich also genügend Zeit dazu. Kaufen Sie für jede Schublade eine andere Farbe und wieder eine andere für den Rahmen.

2 Wenn Sie sich für die Anordnung der Farben entschieden haben, beginnen Sie bei den Schubladen, indem Sie jeweils zwei Schichten Farbe auftragen, zum Schluss den Rahmen streichen.

INTERIORS

Schellack-Kommode

1 Für die Griffe benötigen Sie pro Schublade zwei je 15 cm lange Lederriemen. Sie können dafür entweder Gürtel auseinander schneiden oder das Material bei einer Sattlerei kaufen.

2 Markieren Sie pro Griffstelle einen Längsschlitz, der der Breite Ihres Lederstreifens entspricht und schneiden Sie ihn dann mit Hilfe von Bohrer und Stichsäge aus und glätten Sie die Kanten mit Schleifpapier. Achten Sie darauf, dass die Schlitze nach oben und unten genügend weit ausgeschnitten sind, um das Lederband doppelt gefaltet durchstecken zu können.

3 Präparieren und grundieren Sie die Oberflächen und tragen Sie dann zwei Schichten schwarzen Hochglanz Acryllack auf, dabei jede Schicht gut trocknen lassen.

4 Wenn die Farbe trocken ist, ziehen Sie die Lederriemen durch die Schlitze und tackern Sie von innen fest.

Schubladen – Innenleben

Meistens verwendet man ja sehr viel Aufmerksamkeit auf die äußere Gestaltung von Kommoden, die Schubladen werden schnell gefüllt und genau so schnell wieder geschlossen. Wenn man aber etwas mehr Zeit und Muße aufwenden kann, lohnt es sich durchaus, den Innenräumen der guten Stücke etwas gestalterische Aufmerksamkeit zukommen zu lassen. Das kann zum einen dazu beitragen, den Inhalt besser zu organisieren, zum anderen sieht es aber einfach hübsch aus, wenn man die Kästen herauszieht.

Streifzug

Messen Sie die Legefläche und Innenseiten der Schublade aus und schneiden Sie für jede Fläche ein exakt passendes Stück gestreifte Tapete zurecht.

Wattiertes Satinfutter

Messen Sie die Innenflächen der Schublade aus und schneiden Sie für jede Fläche ein exakt passendes Stück Karton zu. Kleben Sie auf jedes Teil eine 2 cm dicke Wattierung. Spannen Sie dann ein Stück Satinstoff über die wattierten Seiten und befestigen Sie ihn auf der Rückseite mit stark haftendem Klebeband. Bringen Sie die bezogenen Teile mit der Kartonseite an der Schublade an.

Jeder von uns kennt es, das Chaos in Schubladen. Ob es nun die Skisocken sind, die sich mit den Strumpfhosen und einzelnen (wo ist eigentlich der zweite?) Strümpfen zu einem gemütlichen Durcheinander zusammengefunden haben oder das Innenleben von Schreibtischen, wo Büroklammern neben ausgetrockneten Klebetuben, einzelnen Schlüsseln und einer willkürlichen Stiftesammlung das Auffinden von Briefmarken erheblich erschweren. Aber: Damit ist jetzt Schluss! Für diese wunderbaren Organisierer brauchen Sie wirklich kaum Zeit, dafür werden Sie sich in Zukunft eine Menge davon sparen, wenn so manches lästige Suchen entfällt...

Sockentrenner

1 Messen Sie Breite und Tiefe des Schubladen-Inneren aus. Schneiden Sie sechs Streifen Polypropylen so zurecht, dass sie schmäler sind als die Tiefe der Schublade, dafür 25 Prozent länger.

2 Markieren Sie im Abstand von 3,5 cm und am Ende ein Loch in der Mitte aller Streifen und stanzen Sie diese mit einer Lochzange aus.

3 Legen Sie zwei Streifen aufeinander und klammern Sie sie an jedem zweiten Loch mit metallenen Päckchenklammern zusammen. Das Gleiche machen Sie mit den anderen Streifen. Dann legen Sie die Streifen aneinander und verklammern Sie an den jeweils freigebliebenen Löchern mit Hilfe der Klammern.

4 Stellen Sie in jedes »Abteil« einen Glasbecher, um zu sehen, wieviel Raum der Sockentrenner im gebrauchten Zustand bereits in der Schublade bedecken würde und fügen Sie gegebenenfalls so viele Streifen hinzu, bis die Lade ganz ausgefüllt ist.

Bunte Boxen

Sammeln sie kleine Metall- oder Papierboxen verschiedener Größe und malen Sie jede innen und außen mit einer anderen Emailfarbe an. Wenn die Farbe trocken ist, ordnen Sie die Kästchen patchworkartig in der Schublade an und füllen jede Box unterschiedlich.

Segelknoten

Dieser Knoten hier stammt aus einem Spezialgeschäft für Segelzubehör, Sie können natürlich auch ihren Eigenen knüpfen. Wer´s authentisch mag, benützt echtes Hanfseil. Grundsätzlich gilt, je größer die Kommode, desto schlichter sollte der Knoten sein. Es empfiehlt sich also, ein Seil mit entsprechend großem Durchmesser zu verwenden. Kleben Sie die Knoten mit starkem Kontaktkleber mittig auf die Schubladen.

Quaste

Kaufen Sie eine gedrehte Quaste. Markieren Sie die Mitte einer Schublade und bohren Sie dort ein kleines Loch. Fädeln Sie die Aufhängung der Quaste von außen durch das Loch und machen Sie auf der Innenseite einen Knoten.

Grifflöcher

Markieren Sie die Mitte der Schubladen mit einem Bleistift, setzen Sie einen Bohrer mit Lochsägeblatt auf der Markierung an und schneiden Sie die Löcher aus. Anschließend die Ränder mit Schleifpapier glätten und die Schubläden anmalen.

Holzstecken

Suchen Sie einen kleinen Ast für den Griff aus. Schneiden Sie zwei Holzstäbe vom gleichen Durchmesser mit je 3 cm Länge zu. Markieren Sie die Stellen für die Stäbe auf der Schublade und bohren Sie dort die Löcher an. Bohren Sie die Holzstäbe von oben bis unten mittig durch. Messen Sie die Breite der Front des Stäbchens aus und suchen Sie eine Schraube, die geringfügig kürzer ist. Setzen Sie dann die Schraube von der Innenseite der Lade an und bohren Sie sie durch die Lade und das Pflöckchen hindurch in den aufgesetzten Stecken hinein.

Schubladengriffe

Peppen Sie eine Kommode, eine alte Anrichte, ein Schränkchen ein bisschen auf, indem Sie die Schubladen mit ganz individuellen, neuen Griffen versehen. Nehmen Sie dazu die Schubladen aus dem Möbel heraus und entfernen Sie die alten Griffe. Füllen Sie unerwünschte Löcher mit Holzkitt, lassen Sie ihn trocknen und überdecken Sie die Stellen wenn nötig mit Farbe. Bevor Sie die neuen Griffe anbringen, markieren Sie die jeweiligen Stellen mit Kreide oder Bleistift.

Perlengriffe

Bohren Sie zwei kleine Löcher, ungefähr im Abstand von 12 cm mittig in die Schubladenfront. Ziehen Sie Perlen, auf 1.2 mm starken Silberdraht. Lassen Sie dabei genug Draht auf beiden Seiten übrig, um ihn durch die Bohrlöcher zu fädeln und auf der Innenseite miteinander zu verdrehen. Die Griffe müssen straff anliegen. Die nach dem Verdrehen überstehenden Drahtstücke mit einer Zange abtrennen und die Schlingen mit stark haftendem Klebeband zusätzlich sichern.

Beistelltische

Irgendeinen kleinen Tisch braucht jedes Zimmer. Diese hier können einen Raum sowohl als Stilelement bereichern, als auch einen nützlichen Aspekt beinhalten.

Setzkasten

1 Messen Sie Länge und Breite des Setzkastens aus und schneiden Sie für das tragende Unterteil eine 10 mm dicke MDF leicht-Platte auf die gleiche Größe zu.

2 Für die Seiten schneiden Sie zwei weitere MDF leicht-Platten zu, die die gleiche Breite haben wie der Setzkasten und in der Länge der gewünschten Tischhöhe entsprechen.

3 Nachdem Sie die Holzteile mit einem Schraubstock oder einer Klemme gut befestigt haben, bohren Sie Führungslöcher in die Seitenelemente und das Unterteil und verschrauben Sie die drei Stücke miteinander. Dann schrauben Sie den Setzkasten als »Tischplatte« ein.

4 Drehen Sie den Tisch mit der Unterseite nach oben und schrauben Sie an jeder Ecke eine Rolle an.

5 Lassen Sie den Tisch mit einer Schicht Holzgrundierung ein. Wenn diese getrocknet ist, tragen Sie zwei Schichten weißen Glanz-Acryllack auf, dazwischen trocknen lassen.

6 Bestücken Sie den Setzkasten mit Schmuckstücken, Sammlergegenständen, Muscheln, etc.

7 Als Abdeckung lassen Sie sich von einem Glaser eine 5 mm dicke Glasplatte zuschneiden.

Origami Patchwork

1 Diese MDF-Tischplatte ist mit quadratischen Origamipapier-Stücken beklebt und ruht auf zwei gleich hohen Holzschemeln. Entscheiden Sie sich, wie viele Quadrate Sie verwenden wollen, und rechnen Sie deren Größe den Maßen der gewünschten Tischplatte entsprechend aus.

2 Schneiden Sie eine 10 mm dicke MDF-Platte auf diese Maße zu, glätten Sie die Kanten mit Schleifpapier und tragen Sie eine Schicht Grundierung auf. Wenn diese getrocknet ist, streichen Sie die Platte mit zwei Schichten blauem Acryllack, dabei zwischendurch trocknen lassen.

3 Arrangieren Sie die Quadrate auf dem Tisch und kleben Sie sie dann mit Sprühkleber fest. Achten Sie darauf, dass die Ecken sauber aneinander grenzen.

4 Versiegeln Sie das Ganze mit zwei Schichten klarem Acryl – Siegelllack, den sie zwischen den Schichten ebenfalls trocknen lassen.

Wenn Sie Glas zuschneiden lassen, lassen Sie immer auch die Kanten sorgfältig abschleifen.

Orientalische Collage

1 Sammeln Sie farbenfrohe orientalische Verpackungen oder schneiden Sie welche aus (Tip: Asia-Shop).

2 Streichen Sie den gesäuberten und grundierten Tisch mit zwei Schichten blauem Glanz-Acryllack, dabei zwischendurch trocknen lassen.

3 Bringen Sie die Papierstücke auf dem Tisch in die von Ihnen gewünschte Anordnung und befestigen Sie diese mit Sprühkleber.

4 Um das Design zu schützen, lassen Sie sich als Abdeckung vom Glaser eine 5 mm dicke Glasplatte auf die Tischmaße zuschneiden und die Kanten abschleifen.

Silberglas-Tisch

1 Lassen Sie sich vom Glaser eine für ihren Tisch passende Tischplatte zuschneiden und die Kanten abschleifen. Legen Sie die Platte auf Zeitungspapier und bedecken Sie die Oberseite dünn mit Spühkleber.

2 Tragen Sie nun Bahn für Bahn silberne Metallfolie auf, wobei Sie die Folie vorsichtig mit einem Puderschwämmchen, einem Baumwolltuch oder mit den Fingerspitzen glätten und andrücken. Danach lösen sie das Trägerpapier.

3 Schließlich kleben Sie eine selbstklebende Klarsichtfolie über das Metall, um es vor Rissen zu schützen.

Um einen anderen »Instant-Tisch« zu bauen, legen Sie einfach ein Holzbrett oder eine Acrylplatte auf drei Plastik-Getränketräger. Zur Deko können Sie Flaschen oder zusammengerollte Magazine in die Träger stecken.

4 Tragen Sie auf den richtig vorbereiteten und grundierten Tisch zwei Schichten malvenfarbenen Glanz-Acryllack auf.

5 Wenn die Farbe trocken ist, legen Sie die Glasplatte mit der silbernen Seite nach unten auf den Tisch.

Holzplanke

Eine wirkliche Sofort-Deko-Idee ist auch dieser Tisch. Holen Sie sich dazu von einem Holzfachhändler ein schönes, rustikales Holzbrett. Bauen Sie zwei gleichhohe Stapel aus alten Magazinen und setzen sie die Planke darauf – voilà!

Würfel und Knautschsessel

Super-stylish und trotzdem erschwinglich: Bezogene Schaumstoffwürfel eignen sich hervorragend als Zeitungsablage, während man in seinem selbstgenähten Knautschsessel ein wenig vor sich hindöst... Ob unempfindliches Leinen für Draußen oder luxuriöses Wildleder für Drinnen – die Bezüge können einfach abgenommen und gewaschen oder gereinigt werden, aber achten Sie darauf, nur Stoffe zu verarbeiten, die schon vorgewaschen sind, damit Sie nicht färben oder bei der ersten Wäsche eingehen.

Würfel aus Wildleder-Imitat

1 Lassen Sie sich von einem Schaumstoffhändler einen 45 x 45 cm großen Schaumstoffwürfel mit hoher Dichte (Härtegrad 1 – 2) zuschneiden. Schneiden Sie 5 Quadrate aus Wildleder-Imitat mit den Maßen 48 x 48 cm zu.

2 Legen Sie zwei Quadrate mit der Oberseite zueinander gekehrt aufeinander und nähen Sie sie an einer Seite zusammen, indem Sie von der Kante gerechnet einen Rand von 1 cm aussparen. Falten Sie die Stoffteile auseinander, so dass Sie die Unterseite ansehen und nähen Sie ein weiteres Quadrat auf die gleiche Weise seitlich an.

3 Nähen Sie das vierte Quadrat am oberen Rand des Mittelstückes des fertigen Streifens an (1 cm Rand lassen), das Fünfte auf die gleiche Weise am entgegengesetzten unteren Rand.

4 Weiterhin mit der Unterseite nach oben klappen Sie nun jeweils zwei benachbarte Seiten so nach unten zusammen, so dass sich alle Stoffoberseiten innen befinden. Vernähen Sie die Kanten mit einem 1cm- Abstand exakt miteinander.

5 Säumen Sie die Stoffränder ein und bügeln Sie die durch die 1cm-Abstände entstandenen Nähte auseinander, so dass der Stoff dann glatt aufliegen kann. Dann kehren Sie den gesamten Bezug um, so dass die gute Seite nun nach außen zeigt und ziehen das Ganze über den Schaumstoffwürfel.

Kunstleder-Knautschsessel

1 Schneiden Sie für das Oberteil ein Stück Kunstleder auf die Größe zu, die der Sessel haben soll. Für die Unterseite schneiden Sie zwei Halbkreise aus, die zusammengelegt die gleiche Größe wie das Oberteil ergeben, dabei an der Kante je 1 cm für den Saum zugeben.
2 Schneiden Sie für das Seitenteil einen Streifen zu, der in der Länge dem gesamten Umfang des Oberteils plus 2 cm für den Saum entspricht. Die Breite bestimmt die Höhe des Sessels. Geben auf jeder Seite ebenfalls 1 cm für die Naht zu.
3 Falten Sie den Streifen in der Mitte zusammen, so dass Sie die Stoff-Unterseite ansehen und nähen Sie die Enden mit ein paar Stichen provisorisch zusammen, lassen Sie dabei 1 cm Abstand von der Kante.
4 Stecken Sie den Seitenstreifen am Oberteil des Sessels fest, und zwar so, dass an beiden Stücken ein Rand von 1 cm gelassen wird.
5 Für die Sessel-Unterseite legen Sie die beiden Halbkreise mit den Oberseiten zueinander aufeinander und nähen Sie mit der Maschine an den geraden Seiten zusammen (1 cm Abstand von den Kanten lassen). Auseinander falten, dass Sie die Oberseite des Stoffe ansehen und einen Reißverschluss über die gesamte Länge annähen.
6 Mit geöffnetem Reißverschluss und die Stoffunterseiten ansehend, stecken Sie die Sesselunterseite am Seitenteil fest, die Ränder aneinander und nähen Sie sie mit 1 cm Randabstand zusammen. Alles von Innen nach Außen drehen.
7 Wiederholen Sie die Schritte 1–6, um ein Innenfutter aus Kattun zu nähen.
8 Stecken Sie das Innenfutter in den Ledersack und füllen Sie ihn zu mindestens zwei Dritteln mit kleinen Styropor-Kügelchen.

Orangener Würfel

Den orangenen Würfel auf der linken Seite können Sie nach dem gleichen Prinzip wie die anderen Würfel herstellen. Folgen Sie also nur den Angaben auf Seite 55. Und noch ein Tipp für Outdoor-Bezüge: Verwenden Sie grob strukturiertes und wasserabweisendes Leinen, z.B. Solches, wie es für Liegestühle auf Schiffen etc., verwendet wird. Oder Sie behandeln normales Leinen mit einem Imprägnier-Spray.

Warm & Mollig

Streicheln Sie ihre Sinne: Für das perfekte Kuschelsofa wählen Sie eine Decke in einem warmen Naturton und achten Sie auf weichen, angenehmen Stoff. Wenn Sie´s extra kuschelig mögen, nähen Sie noch ein paar Kissen, z. B. aus Teddystoff.

Weiß & Luftig

Für einen Sommer-frischen und natürlichen Look drapieren Sie ein Leintuch über das Sofa und legen Sie ein paar weiße Leinen-Kissen dazu. Sie können auch alte Kopfkissenbezüge verwenden, die Sie mit ein paar Stichen den Kissengrößen anpassen.

Jeans

Cooler Studio-Look: Jeansstoffe sind von indigoblau bis stone-washed erhältlich. Besonders wichtig ist es, dass er einige Male vorgewaschen wurde, damit er nicht abfärbt. Säumen Sie eine große Stoffbahn ein. Damit der Stoff straff anliegt und nicht verrutscht, befestigen Sie ihn auf der Rückseite mit einem Handtacker.

Nähen Sie aus verschiedenen Jeansstoffen ein paar Kissenbezüge und arrangieren sie auf dem Sofa.

Sofas

Sie müssen nicht so weit gehen und ihr altes Sofa von einem Polsterer für viel Geld neu beziehen lassen. Hier sind drei Ideen, die zeigen, wie das gleiche Sofa jedesmal völlig anders aussehen kann, indem man einfach nur Stoffüberwürfe in interessanten Farben und/oder Textilien verwendet. Und mit ein paar neuen Bezügen kann man alte Kissen wieder zu echten Schmuckstücken aufpeppen und so jedem Sofa noch das gewisse Extra verleihen.

Böden & Wände

Boden und Wände bilden die Basis jeden Raumes und sind ein wunderbar weites Feld, um seinem Stil Ausdruck zu verleihen. Für diejenigen, die´s schnell mögen, sind hier ein paar Ideen, wie man in kürzester Zeit einem Raum neue Atmosphäre verleiht: Mit einem ungewöhnlichen Teppich, einem partiellen Farbanstrich oder extravaganter Kunst an den Wänden... oft genügt schon ein neuer Blickfang oder eine kleine Veränderung, um eine große Wirkung zu erzielen. Falls Sie mehr vorhaben sollten: Wie wäre es mit einem farbig gebeizten Holzboden, neuen Fliesen oder einem modernen Kunstwerk? Bedenken Sie bei all diesen Dingen aber immer, dass jede Farbe sich mit unterschiedlichem Lichteinfall verändert. Bevor Sie also literweise Farbe kaufen - investieren Sie in ein Muster und testen Sie zuerst.

Holzböden

Bevor Sie Holz beizen oder bemalen, entfernen Sie alte Farb- oder Lackreste und schleifen Sie es ab. Achten Sie darauf, dass Sie in einem gut durchlüfteten Raum arbeiten, besonders, wenn Sie Farben auf Lösungs-mittel – Basis verwenden.

Parkett – Fliesen

Holzbeize verwendet man am besten auf unbehandeltem Holz, wie hier auf Parkett-Fliesen. Behandeln Sie die Fliesen mit zwei verschiedenen Farben Beize (auf Wasserbasis) und verlegen Sie sie patchwork-artig. Am Schluss mit 2-3 Schichten farblosem Holzlack versiegeln, dabei jede Schicht für sich trocknen lassen.

Silber-Dielen

Für einen satten Silber-Look erst eine Grundierung auftragen und trocknen lassen. Dann eine Schicht silbernen Hammerlack (immer in die gleiche Richtung streichen!). Nach mindestens 30 und höchstens 60 Minuten die zweite Schicht auftragen.

Gehen Sie auf Nummer Sicher und probieren Sie neue Techniken und Farben vorher an kleinen Stellen aus. Es lohnt sich immer.

Schottenkaro-Läufer

Ideal für schmale Räume: Lassen Sie sich von einem Teppichhändler ein Stück Teppich auf die entsprechenden Maße zuschneiden und einsäumen. Für diesen einfachen Dielen-Läufer wurde ein schmaler Streifen Teppich im Schotten-Muster zugeschnitten und mit Stichen eingesäumt. Sie können mit verschiedenen Mustern, aber auch mit anderen Materialen, wie Sisal, Naturbast oder Kokosfaser experimentieren. Sie passen überall, egal, ob auf Holz, Fliesen, Teppich oder Resopal.

Gestreifter Boden

Diese ineinander - steckbaren Dielen sind noch unbehandelt, ideal also, um etwas Farbe abzubekommen. Für den Streifeneffekt streichen Sie die vorbereiteten Dielen mit wasserverdünntem Acryllack in zwei verschiedenen Farben. Wenn die Farbe trocken ist, tragen Sie zwei bis drei Schichten klaren Siegellack auf, dabei jede Schicht für sich trocknen lassen. Mit Farbtünche erzielt man einen ähnlichen Effekt wie mit Beize, allerdings können Sie die auf Wasserbasis hergestellten Farben von blass bis kräftig unter Zugabe von Wasser variieren, so dass die Auswahl an Tönen hier viel größer ist.

Wenn die Dielen bereits verlegt sind, erleichtern Sie sich die Arbeit, indem Sie die Kanten mit Kreppband abkleben, so dass die Farbe nur dort hinkommt, so sie auch hin soll. Streichen Sie erst die Dielen in der einen (helleren) Farbe. Wenn diese ganz trocken ist, kleben Sie das Kreppband auf, dann die andere Farbe auftragen.
Falls Sie nicht so viel Zeit investieren wollen, oder nicht den ganzen Raum farbig verändern möchten, können Sie auch einfach nur einen Rahmen um Ihr Zimmer malen.

Jeder Bodenbelag ist anders – fragen Sie daher einen Fachmann, welche Lacke, Klebstoffe, etc. für ihr Produkt richtig sind. Bringen Sie Platten niemals auf unebenem Boden an und kaufen Sie immer in paar mehr als Sie benötigen, falls Sie mal eine zerbrechen oder falsch zuschneiden. Zeichnen Sie einen Bodenplan vor Beginn, besonders, wenn Sie gemusterte Platten verlegen.

Gummi-Patchwork

Statt nur einer Farbe verwenden Sie einen Farbmix an Gummifliesen. Wenn der Bodenplan steht, bringen Sie die Gummischicht entweder mit einem empfohlenen Kleber an oder Sie nehmen selbstklebende Fliesen.

Wandgestaltungen

Sie brauchen einen Raum nicht völlig umzugestalten, um seine Ausstrahlung und Stimmung zu verändern. Einfache Ideen mit Pfiff können in einem Zimmer Wunder wirken, und sie müssen noch nicht einmal teuer sein. Mit Farben kann man jeden auch nur erdenklichen Ton mischen, und es gibt viele ungewöhnliche Materialien und Möglichkeiten, die man verwenden kann, um ein individuelles, ausgefallenes Flair entstehen zu lassen. Sie müssen dafür noch nicht einmal jede Wand in einem Raum streichen oder tapezieren, manchmal reicht auch schon ein Farbblock oder ein dekorativer Effekt an einer Wand oder einem Teil des Raumes aus.

Moderne Kunst

1 Mit Hilfe der Wasserwaage zeichnen Sie mit Bleistift den Rahmen und die Stellen für die Längsstreifen an die ausgewählte Wandstelle an.

2 Kleben Sie die den Rahmen und die Kanten mit Kreppband ab und streichen Sie die breiten Farbflächen mit einigen Schichten Acryllack.

3 Decken Sie auf den schon aufgemalten Streifen ein paar Streifen unterschiedlicher Breite ab, und streichen Sie diese in anderen Farbtönen.

Wenn Sie Farbstreifen an der Wand anbringen wollen oder gerade Kanten mit Kreppband abkleben, nehmen Sie immer eine Wasserwage zu Hilfe.

Paneel-Streifen

Mit Hilfe einer Wasserwaage zeichnen Sie mit Bleistift eine horizontale Linie in Hüfthöhe an die Wand. Bringen Sie vorsichtig ein farbiges Klebeband entlang dieser Linie an, um den oberen Teil des Streifen-Designs zu kreieren. Mit einem gleichfarbigen, schmalen Band kleben Sie den unteren Streifen an.

Tupfen

Frischen Sie eine Wand mit ein paar Tupfen auf. Wählen Sie einfach eine oder mehrere Farben für die Tupfen aus, tauchen Sie das Ende eines kleinen Schaumstoff-Rollers in die Farbe und drücken Sie ihn an die Wand. So oft wiederholen, bis die Wand mit lauter Tupfen geschmückt ist.

Lochbrett

Eine Möglichkeit, um eine Schlafzimmer- oder Garderobenwand mit einem praktischen Dekorationseffekt zu versehen. Kaufen Sie dazu ein Lochbrett und zwei Holzleisten. Schrauben oder kleben Sie die Leisten am oberen und unteren Rand auf die Rückseite des Lochbretts und schrauben Sie sie an der Wand an. Streichen Sie das Lochbrett mit ein bis zwei Schichten glänzendem Acryllack.

Wenn Sie Teile einer Wand streichen, decken Sie die Ränder immer mit Kreppband ab, damit Sie akkurate Kanten bekommen. Denken Sie auch an den Boden: Legen Sie, bevor Sie anfangen, den Raum großzügig mit Plastikfolie oder alten Leintüchern aus und befestigen Sie die Abdeckung ebenfalls mit Kreppband an den Bodenleisten. Sehen Sie sich noch einmal um, bevor Sie zum Pinsel greifen: Sind die Lichtschalter und Steckdosen, die in der Nähe liegen, mit Kreppband abgedeckt, die Bodenleisten geschützt?

Tafel

Streichen Sie einen Teil einer Wand, beispielsweise in der Küche oder neben dem Telefon, mit 2 Schichten Tafellack. Ein Glas mit Kreiden daneben, und schon können Sie Listen, Liebesbriefe, Gedichte, etc. an die Wand kritzeln. Kleben Sie vorher die Kanten ab, indem Sie Wasserwaage, Lineal und Winkel zu Hilfe nehmen und lassen Sie die erste Lackschicht vor dem Auftragen der zweiten gut trocknen.

Farbige Fugen

Wenn Sie eine Wand mit weißen Kacheln fliesen, können Sie mit farbigem Fugenkitt sensationelle Effekte erzielen. Kaufen Sie einen Künstler-Acryllack ihrer Farbwahl und drücken Sie eine kleine Menge von der Farbe in die Fugenmasse. Rühren und mischen Sie diese unter weiterer Farbzugabe, bis der gewünschte Farbton erreicht ist. Verwenden Sie den gefärbten Fugenkitt wie jeden anderen, halten Sie aber ein feuchtes Tuch bereit, um Farbkleckse sofort abwischen zu können. Bedenken Sie, dass dieser Kitt wegen der eingerührten Farbe etwas länger zum Trocknen braucht.

Beim Verlegen von Fliesen sind gerade Ausrichtung und Passgenauigkeit von äußerster Wichtigkeit. Nehmen Sie sich also genug Zeit, um mit Lineal, Wasserwaage und Winkelmaß die Position der Fliesen zu bestimmen und zeichnen Sie vertikale und horizontale Orientierungslinien vorsichtig mit Bleistift an.

Bonbonrosa Streifen

Auch hier sind die wichtigsten Materialien wieder Wasserwaage, Lineal und Winkelmaß, um die Streifen wirklich akkurat und gerade hin zu bekommen. Streichen Sie zuerst die ganze Wand mit der helleren Farbe. Am nächsten Tag und erst, wenn die Farbe völlig trocken ist, kleben Sie einzelne Sektionen unterschiedlicher Breite mit Kreppband ab und streichen die Zwischenräume mit der dunkleren Farbe. Zeichnen Sie das gewünschte Streifenmuster in jedem Fall am oberen und unteren Rand der Wand mit Bleistift vor.

Wandschmuck

Wenn Ihre Kunstsammlung noch nicht all Ihre Wände bedeckt, und Sie noch ein freies Plätzchen haben: Setzen Sie doch Akzente mit eigenen Kreationen. Hier sind ein paar Ideen, wie Sie Ihre Wände schmücken können, wenn Sie nicht die üblichen und nebenbei auch teuren »Bilder mit Rahmen« aufhängen möchten und vielleicht inspiriert Sie das Ein oder Andere noch zu ganz anderen Möglichkeiten...

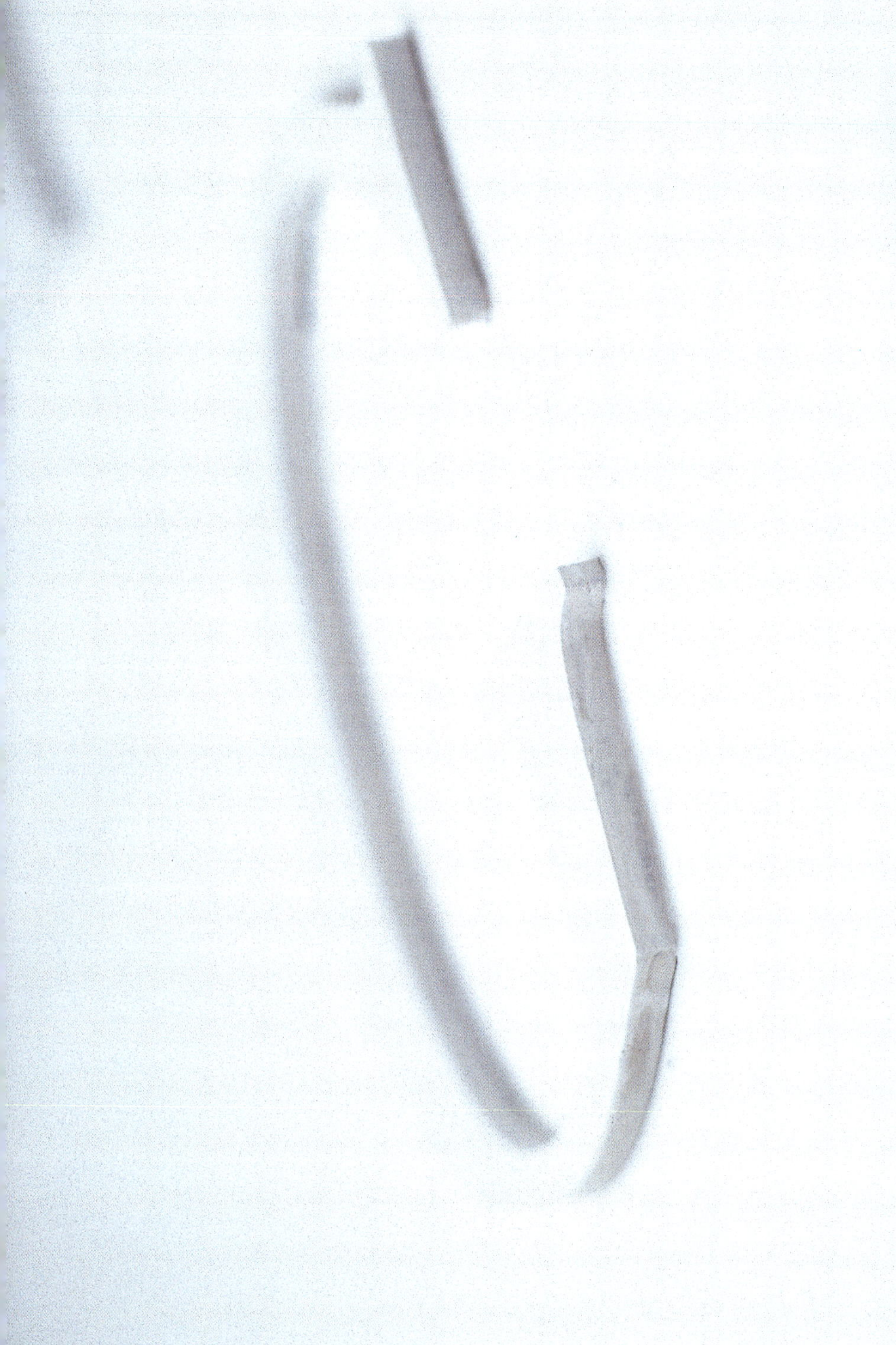

Muster – Wandgemälde

Kopieren Sie verschiedene geometrische schwarz-weiße Muster auf A4-Größe, wählen Sie dabei z.B. Künstlerpapier. Arrangieren Sie die Muster so, wie es Ihnen gefällt und kleben Sie sie mit klarem Sprühkleber an die Wand. Achten Sie darauf, dass keine Zwischenräume zwischen den einzelnen Bögen entstehen.

Buchstaben – Geprägt

Pausen oder zeichnen Sie eine Auswahl an Buchstaben auf eine MDF-leicht-Platte und schneiden Sie sie mit einer Laubsäge oder einer elektrischen Säge aus. Glätten Sie die Kanten mit Schleifpapier, tragen Sie eine Schicht Holzgrundierung auf und malen Sie die Buchstaben anschließend in der gleichen Farbe, die auch die Wand hat, mit 2 Schichten Acryllack an (zwischen den Schichten die Farbe trocknen lassen!). Befestigen Sie die Buchstaben mit einem farblosen, stark haftenden Kleber oder doppelseitigem Teppichklebeband an der Wand, entweder in ganz zufälliger Anordnung oder zu einem Wort gebildet.

Worte an der Wand

Suchen Sie aus Büchern (z.B. über Schriftmuster, alte Märchenbücher, etc.) oder aus dem Computer (Schriftarten) einzelne unterschiedlich gestaltete Lettern aus und kopieren Sie diese auf eine gewünschte Größe. Legen Sie jeden Buchstaben in einen Clip-Rahmen hinter Glas und hängen Sie diese dann an die Wand.

Falls Sie jemand sind, der Wortspielen, wie z.B. Scrabble oder Kreuzworträtseln verfallen ist: Behängen Sie eine ganze Wand mit gerahmten Buchstaben, die Sie auf Bilderhaken hängen und arrangieren Sie neue Worte, wann immer Ihnen danach ist.

Filz-Pinnwand

Schneiden Sie so viele gleich große Quadrate aus 1,5 cm starkem Kork zu, wie Sie brauchen, um die gewünschte Pinnwandgröße zu formen. Dann schneiden Sie genau so viele aus verschieden farbigem Filz zu, geben aber an jeder Kante 2,5 cm zu. Beziehen Sie jedes Korkquadrat mit einem Filzstück, und befestigen Sie den Stoff auf der Rückseite mit einem Handtacker, achten Sie dabei darauf, dass der Stoff vorne straff anliegt. Wenn Sie sich entschieden haben, wie Sie die Farbquadrate zueinander anordnen wollen, befestigen Sie diese mit einem stark haftenden Kontaktkleber an der Wand.

KEEP AN ON THIS SPACE

Postkarten-Szenario

Hängen Sie lange Schnüre aus Wäscheleine, Kabel oder Draht horizontal oder vertikal auf, indem Sie die Enden an Schrauben, Muttern oder Nägeln, die Sie in der Wand angebracht haben, befestigen. Klipsen Sie mit Wäscheklammern eine Kollektion von Postkarten an die Schnüre – Fertig!

Glitzer – Glimmer

Bemalen Sie eine bereits aufgespannte Baumwollleinwand mit zwei Schichten Acryllack. Wählen Sie dazu die gleiche Farbe, die auch der Glitter haben soll. Wenn die Farbe trocken ist, verteilen Sie großzügig Polyvinyl Acetat Kleber auf der Leinwand und streuen Sie dann sofort den Glitter darüber. Trocknen lassen und den überschüssigen Glitter abklopfen. Dann nur noch aufhängen und funkeln lassen.

Passender Rahmen

Nehmen Sie aus einem Holzrahmen das Glas heraus und tragen Sie eine Schicht Holzgrundierung auf. Wenn sie trocken ist, hängen Sie den Rahmen an die Wand und zeichnen Sie mit Bleistift die Stellen an den Rahmen, an denen die Streifen von der Wand fortgesetzt werden sollen (siehe Seite 76/77). Malen Sie die Streifen unter Verwendung der gleichen Farbe, die Sie auch für die Wandbemalung benützt haben, auf den Rahmen. Nach dem Trocknen mit zwei Schichten Klarlack versiegeln.

Entwerfen Sie ihre eigene »Magnetkollektion«: Kaufen Sie ein paar glatte Magneten und kleben Sie mit einem stark haftenden farblosen Kleber kleine Plastikfiguren, Tiere, Blumen, etc., auf. Edle Variante: Seidenblumen oder seltene Muscheln aufkleben.

Magnettafel

Kaufen Sie ein Stück galvanisierte Stahlplatte und bringen Sie an jeder Ecke mit Hilfe von Bohrmaschine und Metallbohrer ein Loch an. Schrauben Sie die Platte an die Wand und befestigen sie Einladungen, Kochrezepte, Nachrichten und andere essenzielle Dinge mit Ihren neuen Magneten daran.

Ausstech-Formen

Schmücken Sie ihre Wand mit einer Reihe von großen Ausstechformen, indem Sie sie auf in die Wand gesteckte Reisszwecke hängen, oder auf einem Kleiderschrank locker arrangieren.

Fenster & Licht

Der Ausdruck »die Dinge in einem anderen Licht erscheinen lassen« kommt nicht von Ungefähr. **Licht** beeinflusst uns auf vielerlei **Art** und Weise. Wie wir Räume und Landschaften wahrnehmen, ist maßgeblich von dem vorherrschenden Licht bestimmt, und so auch unsere Stimmungen. Zu grelles oder dumpfes Licht kann uns einen **Raum** unangenehm erscheinen lassen, wir wählen **Kerzenlicht**, um die Sinne zu entspannen und hängen Kristalle in die Fenster, um die **Energie** des einfallenden Lichtes optimal zu nutzen. Die folgenden Ideen sind dazu gedacht, mit verschiedenen **Stimmungen** und Lichtverhältnissen zu spielen, zu experimentieren, vor allem aber, um ihre **Umgebung** in einem angenehmen Licht erscheinen zu lassen.

Vorhänge & Fensterschmuck

Mit einigen simplen aber nicht weniger effektvollen Handgriffen können Sie Fenster zu wahren Lichtblicken machen. Nehmen Sie sich Zeit, um ausgefallene Stoffe für Vorhänge oder sonstige Fensterverkleidungen zu finden. Saris, antike Spitze, Wandteppiche, Stickereien, oder auch die wild gemusterten Stoffe aus den 50er oder 70er Jahren; Sie haben unzählige Möglichkeiten, ihren Räumen einen individuellen Akzent zu geben, den Sie mit herkömmlichen Stoffen nicht erreichen. Gute Fundgruben sind hier meist Flohmärkte, Orient-shops, Modeoutlets oder Wohltätigkeits-veranstaltungen.

Unterschätzen Sie bei der Wahl einer Fensterverkleidung nicht die dominante Wirkung, die sie haben kann. Stimmen Sie daher die ausgesuchten Stoffe und Materialien gut auf die bereits bestehende Raumausstattung ab.

Frostige Aussichten

1 Bringen Sie selbstklebende Zahlen oder Lettern (aus dem Schreibwarenladen) an den gewünschten Stellen auf der trockenen und sauberen Fensterscheibe an.

2 Sprühen Sie dann, indem Sie den Anweisungen auf der Dose folgen, gleichmäßig Frostspray (Künstlerbedarf, Baumarkt) über die gesamte Fensterfläche.

3 Wenn der Sprühfrost trocken ist, entfernen Sie die Zahlen mit einem spitzen Messer oder einer Pinzette.

Überlegen Sie bei der Wahl der Stange und der Art der Wandbefestigung, ob sie dem Gewicht des Vorhanges standhalten, und wie Sie den Stoff aufhängen wollen.

Farbstreifen

1 Messen Sie Höhe und Breite ihrer Fenster aus. Dann schneiden Sie aus Bahnen von verschieden farbigem x-Film leicht-Gel (eine transparente Plastikfolie, die es in selbstklebender Ausführung gibt) passende Streifen unterschiedlicher Breite zurecht.

2 Indem Sie den Anweisungen des Herstellers folgen, wischen Sie die Fenster mit einem feuchten Tuch ab und kleben Sie die Farbstreifen in schmalen Abständen zueinander an. Achten Sie darauf, die Bahnen gerade und exakt parallel zu positionieren.

Sommervorhang

1 Messen Sie die Oberkante ihres Türstocks aus und schneiden Sie einen Bambusstock oder Holzstab auf die entsprechende Länge zu.

2 Zeichnen Sie die zwei Stellen für die Anbringung der Haken zur Aufhängung am Türstock an und schrauben Sie diese anschließend an.

3 Binden Sie auf gleiche oder unterschiedliche Länge geschnittene farbige Stoffbänder oder Schleifen an die Stange und hängen Sie diese in die Haken ein.

4 Knoten Sie kleine dekorative Dinge zum Beschweren an die unteren Enden der Bänder.

Blumennetz

1 Schneiden Sie ein Stück rosa Netzstoff auf die gewünschte Länge und Breite zu.

2 Bügeln Sie spezielles Gurtband auf die Rückseite von verschieden farbigen Stoffen, (z. B. Satin, Seide) aus denen Sie per Hand oder mit einer Schablone Blumen ausschneiden.

3 Trägerpapier entfernen und kleben Sie eine Blume mit der richtigen Seite zu Ihnen auf den Netzstoff. Legen Sie ein Tuch zum Schutz darauf und bügeln Sie die Blume an. Mit allen Blumen wiederholen.

4 Kleben Sie mit stark haftendem, farblosem Kleber in die Mitte jeder Blüte einen Glasstein oder eine Paillette.

5 Für die Verblendung zur Aufhängung des Vorhangs schneiden Sie ein Stück breites, weißes Satinband entsprechend der Breite des Vorhangs plus 1 cm zu. Schlagen Sie an jedem Ende 5 mm ein und fixieren Sie diese Kante durch Bügeln. Falten Sie das Band längs in der Mitte mit den Stoffunterseiten zueinander und bügeln Sie auch diese Kante fest.

6 Drehen Sie das Band wieder so, dass Sie die Oberseite ansehen, und die Öffnung nach unten. Die Oberkante des Vorhangs nun zwischen das Band legen, feststecken und dann die 3 Lagen zusammennähen. Fädeln Sie Vorhangdraht durch die Verblendung und befestigen Sie ihn links und rechts an der Wand.

Zart gefärbte und duftige Stoffe sind eine stimmungsvolle Alternative zu herkömmlichen Stores oder Netzstoffen. Lässig über eine Stange oder ein Drahtseil geworfen, ist schnell ein dekorativer Effekt gezaubert, der genau so schnell auch wieder verändert werden kann.

Zweifarbiger Vorhang

1 Messen Sie ihr Fenster aus. Schneiden Sie zwei Bahnen unterschiedlich farbigen sehr zarten Stoff (z. B. Musselin, Organza) auf die passenden Maße zu, und geben Sie an jeder Kante 2 cm für die Säume zu.

2 Mit den Stoffunterseiten zueinander nähen Sie beide Stoffbahnen an den Oberkanten zusammen, lassen Sie dabei einen Randabstand von 2 cm. Säumen Sie alle verbleibenden sechs Kanten mit der Maschine ein.

3 Bringen Sie ein Stück Drahtseil als Aufhängung in der Wand an und legen Sie die Stoffbahnen an der gemeinsamen Naht über das Seil, so dass auf jeder Seite eine Bahn hängt.

Federn

1 Schneiden Sie ein Stück duftig-leichten Stoff, wie z.B. Musselin oder Organza zu. Die Maße sollten dabei die Fensterhöhe um einige Zentimeter oben (siehe Punkt 3), und um 5 cm unten übersteigen. In der Breite rechnen Sie an jeder Seite 2 cm dazu.

2 Schlagen Sie die Kanten ein und stecken und nähen Sie dann an den Längsseiten je einen 2 cm, an der Unterseite einen 5 cm breiten Saum.

3 Nähen Sie einen Lauf für die Vorhangstange, indem Sie einen doppelten Saum einschlagen, der zweimal so breit wie die Stange ist.

4 Nähen Sie Federn, in der Farbe des Vorhangs mit der Hand an, schieben Sie die Vorhangstange durch den Saum und legen Sie sie in die dafür angebrachten Wandhaken.

Binde-Batik

1 Batiken mit Bindetechnik macht Spaß und bringt Farbe und Muster auf alle möglichen Stoffe. Hier wurde ein weißer und schon fertig genähter Musselin-Stoff verwendet. Achten Sie darauf, dass der Stoff, den Sie färben wollen, sauber und vorgewaschen ist.

2 Nehmen Sie etwa 5 cm Stoff von dem Vorhang in die Hand und drehen Sie eine »Nase« daraus, die Sie unten fest mit einem Gummi (-band) umwickeln. Drehen Sie so viele Nasen in den Stoff wie Sie später weiße Kreise haben möchten.

3 Kaufen Sie in der von Ihnen gewünschten Farbe ein Färbemittel, das für die Waschmaschine geeignet ist und färben Sie den Vorhang nach den Instruktionen des Herstellers.

4 Waschen Sie den Stoff ein zweites Mal, um überschüssige Farbe zu entfernen.

5 Entfernen Sie die Gummibänder und hängen Sie den Vorhang zum Trocknen auf. Anschließend bügeln und aufhängen.

Um Ihre liebevoll verzierten Vorhänge zu reinigen, geben Sie diese entweder zum Trocken-Reinigen oder waschen Sie die Stoffe mit der Hand. Verwenden Sie dafür ein mildes Waschmittel oder Haarshampoo.

Ketten aus Kronleuchtersteinen

1 Sammeln Sie genügend Steine von alten Kronleuchtern, zum Beispiel auf Flohmärkten.

2 Binden Sie so viele Nylonschnüre wie Sie Ketten haben möchten an eine fertig installierte Stange.

3 Fädeln Sie die Glassteine auf die Nylonschnüre, wobei Sie entweder kleine Zwischenelemente einfügen oder über und unter jedem Stein einen Knoten machen. Am Ende jeder Schnur einen festen Doppelknoten schlingen und so fortfahren, bis alle Schnüre bedeckt sind.

Die Ketten sehen nicht nur mit Kristallsteinen schön aus. Sie können stattdessen auch bunte Holzperlen, etc., auffädeln.

Vorhang für Nähmuffel

1 Suchen Sie einen hübschen Sari oder einen anderen eingesäumten, luftigen Stoff aus, der die gewünschte Vorhanglänge um ca. 25 cm überschreitet. Werfen Sie den Stoff von hinten über die Vorhangstange, so dass die überschüssigen 25 cm nach vorne hängen.

2 Prüfen Sie, ob der Stoff gerade hängt und fassen Sie dann direkt unter der Stange alle vier Stoffbahnen mit Wäsche- oder anderen dekorativen Klammern zusammen. In regelmäßigen Abständen wiederholt, ist der Vorhang dann an der Stange befestigt.

Fenster-Deko

Fenster sind die Lichtblicke eines Raumes. Darum: Stylen Sie ihre Fenster – mit klaren, einfachen Deko-Elementen ohne Schnickschnack. Wenn Sie keine Fensterbänke haben, sind die Rahmen ihr Feld für Kerzen und mehr.

Pflanzen

Pflanzen sind für jeden Raum eine Bereicherung (besonders, wenn man keinen Garten hat), und stachelige Sorten wie diese sind beinahe wie Skulpturen. Kaufen Sie so viele von der gleichen Sorte, wie Sie für ihre Fensterbänke brauchen und setzen Sie sie in gleiche Terracotta-Töpfe. Zum Schluss geben Sie Kiesel oder kleine Steine auf die Erde.

Falls Ihr Fenster nach Süden geht, vermeiden Sie Dekoration, die unter starker Sonneneinstrahlung verblassen oder schmelzen könnte. Tropische Pflanzen sind hier eine gute Lösung, weil Sie viel Licht und wenig Wasser brauchen. Stellen Sie etwas unter die Töpfe, um Wasserränder zu vermeiden.

Steine

Ein bisschen Kunst für Ihre Fensterbank: Arrangieren Sie kleine Steine in Herz-, Spiral- oder anderer Form darauf.

Lichterkette

Lichterketten müssen nicht auf Weihnachten beschränkt sein. Zaubern Sie Stimmung an ihr Fenster und befestigen Sie Lichterketten an den Rahmen, indem Sie das Kabel an kleinen Haken einhängen oder mit Reisszwecken festmachen. Wenn Sie bunte Schleifen zwischen die Lichter binden, ist auch der letzte Adventshauch verschwunden.

Kresse

Bemalen Sie die Innenseite einer weißen Plastik-Samenschale mit zwei Schichten Emaille-Farbe. Nach dem Trocknen die Schale mit feuchtem Küchenkrepp auslegen und Senf- oder Kressesamen darüber verteilen. Ans Licht stellen und nur noch beim Wachsen zusehen.

Überfrachten Sie ihre Fenster nicht. Lieber nur eine wirkungsvolle Idee umsetzen, die die Klarheit des Lichts nicht stört, als viele kleine Dinge. Das erleichtert auch das Putzen...

Lampenschirme

Geben Sie alten Lampen eine Chance! Ob in Wohn- oder Schlafzimmern, die traditionelle Lampe mit Schirm gibt ein wunderbar angenehmes und gebündeltes Licht. Peppen Sie die Schirme ein wenig auf, und schon besitzen Sie ein neues Glanzstück, das auch ausgeschaltet die Atmosphäre des Raumes noch positiv beeinflusst. Neu dekorierte Lampen sollten Sie wegen des Feuerrisikos nicht über Nacht brennen lassen und nicht mit Birnen über 60 Watt bestücken.

Blaue Tupfen

1 Malen Sie mit Hilfe von Maßband und Bleistift die Positionen der Tupfen auf einem weißen Lampenschirm. Dabei auf gerade Ausrichtung und gleiche Abstände achten.

2 Kleben Sie selbstklebende blaue Tupfen (Schreibwarenhandel) auf die markierten Stellen.

Eingefädelter Saum

1 Stechen Sie mit einer Haar- oder Stopfnadel am unteren und oberen Rand in gleichmäßigen Abständen Löcher in den Lampenschirm.

2 Fädeln Sie ein ausreichend langes und 3mm breites Satinband in die Nadel und machen Sie einen Knoten am Ende.

3 Von Innen her beginnend säumen Sie nun den Schirm erst am unteren, dann am oberen Rand mit dem Band ein, die Enden werden jeweils innen verknotet.

Samtstreifen

1 Zeichnen Sie unter Zuhilfenahme von Maßband und Bleistift die Positionen für sechs Streifen auf den Lampenschirm.

2 Messen Sie den Schirmumfang an jeder markierten Stelle und schneiden Sie entsprechend lange Stücke Samtband ab. Geben Sie dabei jedem Band 2 cm an Länge zu.

3 Kleben Sie doppelseitiges Klebeband auf die Rückseite der Bänder.

4 Entfernen Sie auch das zweite Trägerpapier und bringen Sie die Bänder auf den Markierungen an. Beim Aufkleben gleich glattstreichen.

Filzfransen

1 Schneiden Sie 8 cm breite Streifen schwer entflammbaren Filz zu, deren Länge dem Umfang des Lampenschirmes plus 2 cm zum Unterschlagen der Enden entspricht. Für diesen 30 cm hohen Schirm wurden 15 Streifen benötigt.

2 Die Fransen entstehen, indem Sie die Filzstreifen in der Breite 6 cm tief in regelmäßigen Abständen einschneiden.

3 Kleben Sie nun einen Filzstreifen am unteren Schirmrand so an, dass die Fransen ein gutes Stück über den Rand herabhängen. Kleben Sie den nächsten Streifen darüber, so dass dessen Fransen die Oberkante des ersten Streifen überlappen. So fortfahren, bis der ganze Schirm bedeckt ist.

4 Zum Abschluss kleben Sie ein Stück Samtband an den oberen Schirmrand.

Lampen-Tütü

1 Schneiden Sie 3 Streifen 20 cm breiten Netzstoff zurecht, die in der Länge dem doppelten Umfang des unteren Randes des Lampenschirms entsprechen.

2 Weben Sie in der Mitte jedes Streifens im Reihstich einen Faden längs durch den Stoff. Machen Sie einen Knoten am Ende, schieben Sie den Stoff darüber auf die Hälfte zusammen und knüpfen Sie wieder einen Knoten.

3 Für den Tütü-Effekt nähen Sie den ersten Streifen um den Schirmrand, indem Sie den Reihstich verdecken. Den zweiten bringen Sie 1 cm höher als den ersten an, den dritten noch einen weiteren Zentimeter darüber.

Bastknoten

1 Bringen Sie mit einem Bleistift Punkte-Paare im Abstand von ca. 1 cm zueinander auf dem ganzen Lampenschirm an.

2 Schneiden Sie so viele Baststreifen, wie Sie Punkte-Paare haben, zurecht und fädeln Sie diese mit einer Teppichnadel von der Innenseite her durch die vorgezeichneten Punkte. Zusammenknoten, die Enden eventuell zurechtschneiden – fertig!

Gepierced

1 Legen Sie eine Herzschablone an einen Papier-Lampenschirm an und zeichnen Sie um die Schablone herum die Einstichpunkte zart mit Bleistift an. Dann stechen Sie die Löcher entsprechend den Markierungen mit einer Teppichnadel durch.

2 Im Abstand von 3 mm bringen Sie innen noch ein kleineres Herz mit einer dünneren Nadel an.

Spiegelpailletten

1 Zeichnen Sie mit einem Bleistift die Stellen für die Pailletten vor und kleben Sie die Glasstückchen anschließend mit einem stark haftenden Kleber auf den Lampenschirm.

2 Wenn dieser trocken ist, kleben Sie auf jede Spiegelpaillette einen kleinen Bastring.

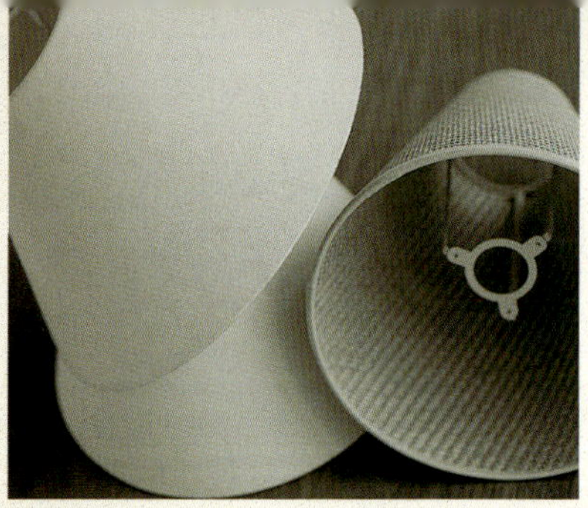

Pergament Ausschnitte

1 Mit Hilfe von Bleistift und Lineal unterteilen Sie einen Bogen Pergament in gleich breite vertikale Streifen. Zeichnen Sie mit einer Schablone Kreise, die horizontal wie vertikal gleich platziert sind, auf jeden Streifenabschnitt.

2 Mit einer feinen Schere schneiden Sie nun, von der Mitte ausgehend, die Kreise aus dem Bogen heraus, anschließend evtl. Bleistiftränder wegradieren.

3 Schneiden Sie aus verschiedenen Naturpapieren etwas größere Kreise aus und kleben diese von innen mit einem stark haftenden Kleber hinter die Öffnungen.

Wenn Sie Ihren Lampenschirm mit Materialien dekorieren, die nicht Feuer abweisend sind, tragen Sie ganz zum Schluss ein Flammen abweisendes Spray auf, das sie in Läden für Theaterbedarf bekommen.

Rosa Gefieder

1 Zeichnen Sie mit einem Bleistift die Stellen für drei gleich breite Feder-Fransenstreifen um den Lampenschirm herum an. Der erste Streifen sollte bündig mit der Oberkante des Schirms abschließen, der Unterste so platziert sein, dass die Federn über den unteren Rand hängen.

2 Schneiden Sie drei breite Feder-Fransenstreifen zurecht, die dem jeweiligen Umfang plus 2 cm zum Übereinanderschlagen der Enden entsprechen.

3 Stecken Sie die Bänder entlang der vorgezeichneten Linien an der Lampe fest, um sicher zu gehen, dass der Schirm vorstellungsgemäß bedeckt ist. Fügen Sie bei Bedarf Federn zu oder entfernen Sie ein paar.

4 Von unten nach oben arbeitend kleben Sie nun mit einem starken Kleber die Federstreifen in Postition.

Kerzen

Ob als Tischdekoration oder lose im Raum angeordnet, Kerzen erzeugen immer einen Hauch Romantik und eine ganz besondere Stimmung. Wahrhaft stimmungsvoll ist auch die Auswahl an Formen, Größen und Farben – vom kleinen Teelicht über grazile Kerzen bis hin zu dicken Säulen. Also begrenzte Dekorationsmöglichkeiten.

Kerzenstrauß

Füllen Sie ein Glas oder eine Vase mit Sand und arrangieren Sie schmale Kerzen wie einen Blumenstrauß darin.

Glitzernde Teelichter

Bringen Sie am Metallgehäuse von Teelichtern gleichmäßig Kleber an. Fassen Sie die Kerzen am Docht und wälzen Sie sie in jeweils andersfarbigem Glitter. Lassen Sie den Kleber ganz trocknen, bevor Sie die Kerzen anzünden.

Fruchtiger Glanz

Nehmen Sie ein paar Äpfel, die von selbst aufrecht stehen, oder schneiden Sie den Boden ab, um eine ebene Fläche zu haben. Stechen Sie das obere Drittel des Kerngehäuses aus und stecken Sie eine Kerze in jedes Loch.

Einfache Teelichter erzeugen magische Effekte, wenn man Sie zu Grüppchen auf Tischen, Kaminsimsen oder Regalen arrangiert. Fragile, schlanke Kerzen in freundlichen Farben sind zu Sträussen gebündelt wunderhübsch, während säulenartige Kerzen ausdrucksvoll genug sind, um für sich allein oder als elegantes Paar zu stehen. Obst und Gemüse sind eine klasse Basis für die »etwas anderen Kerzenständer« und auf einer Dinnerparty sicherlich den ein oder anderen Kommentar wert.

Hingegossen

1 Für die Gussform schneiden Sie als Boden eine MDF leicht-Platte auf die gewünschte Größe zu. Für die Seiten schneiden Sie vier Wände zurecht.

2 Schrauben Sie die Seitenteile am Boden und an den gemeinsamen Berührungspunkten fest.

3 Mischen Sie schnell trocknenden Zement und gießen Sie ihn in die Form. Wenn das Material halb trocken ist, fügen Sie Löcher, die etwas breiter aber genauso tief wie ein Teelicht sind, in den Zement. Benutzen Sie dazu einen Plastikdeckel oder ein in Folie gewickeltes Teelicht.

Lichtersäckchen

Schneiden Sie zwei Stücke aus feuerabweisendem Stoff auf 20 x 15 cm zu. Mit den Außenseiten zueinander nähen Sie drei Seiten zusammen, dann kehren Sie das Ganze von Innen nach Außen. Schlagen Sie die Oberkante zweimal um, füllen Sie das Säckchen zur Hälfte mit Sand und stecken Sie die Kerze hinein.

Flower Power

Mit Hilfe einer Teppichnadel bohren Sie ca. 2 cm tiefe Löcher in eine dicke Kerze. Schneiden Sie frische Blüten ihrer Wahl zurecht und stecken Sie die Stiele in die Löcher. Wenn Sie keine Löcher bohren wollen, können Sie die Blüten auch mit jeweils ein paar Tropfen heißem Wachs ankleben.

Blattsilber-Kerze

Tragen Sie eine Schicht Vergoldungsleim auf eine Kerze auf. Wenn der Leim zäh wird, wickeln Sie einen Abschnitt Silberfolie darum. Vorsichtig mit den Fingerspitzen andrücken und anschließend das Trägerpapier entfernen.

Accessoires

Von leeren Gläsern und Flaschen bis zu Bilderrahmen und Spiegeln – es gibt eine Menge **einfache** und super-schnelle Deko-Ideen für Ihr Zuhause. Sie wollen nicht so viel Kleinkram rumstehen haben? Keine Angst – viele der folgenden **Vorschläge** sind sogar **extra** dafür geschaffen, um den »Kleinkram« unter Kontrolle zu bringen, und: ein bisschen »Kunst« schadet ja auch nie. Wer immer noch nicht zum **Recycling** bekehrt ist, wird hier ein für alle mal merken, welchen **Spaß** man an dieser praktischen Einrichtung haben kann...Leere Raviolidosen werden zu Vasen, Obstkisten avancieren zum **Stauraum**, und aus einem schmucklosen Rahmen wird die Inszenierung für Ihr Lieblingsfoto.

RROA
ESPAÑA

Love

Kassettenrahmen

Anders als bei normalen Rahmen haben Sie bei Kassettenrahmen die Möglichkeit, Dinge dreidimensional darzustellen. Aufgehängt oder auf ein Regal gestellt sind sie der ideale Aufbewahrungsort für all die Dinge, von denen Sie sich doch nicht trennen können.

Silberne Schuhe

Entfernen Sie Rücken und Glas von einem Holzrahmen und bekleben Sie die Innenseite des Rückteils mit hellblauem Filz. Mit einem Kleber bringen Sie nun silberne Miniatur-Schuhe auf dem Filz an. Grundieren Sie den Rahmen; tragen Sie nach dem Trocknen zwei Schichten mintgrüne Emailfarbe auf, die Sie dazwischen trocknen lassen. Wenn die Farbe trocken ist, fügen Sie den Rahmen wieder zusammen.

Ausstech-Förmchen

Entfernen Sie das Rückteil eines Holzrahmens und legen Sie ihn mit dem Glas nach unten hin. Arrangieren Sie kleine Ausstech-Förmchen auf dem Glas und setzen Sie das Rückteil wieder ein. Durch die losen Förmchen bleibt das »Bild« in Bewegung.

Stoff (kunst) Stück

Diese Herzen sind aus sehr dickem Filz, ideal für solche Rahmen. Kaufen oder fertigen Sie die Stoffherzen selber, dann entfernen Sie Rückteil und Glas der Rahmen und tragen eine Grundierung auf. Wenn diese trocken ist, streichen Sie sie mit zwei Schichten einer dezenten Emailfarbe, dabei jede Schicht für sich trocknen lassen. Bedecken Sie die Rückteile mit neutralem Karton und kleben Sie die Stoffstücke darauf. Sobald der Kleber trocken ist, den Rahmen wieder zusammenfügen.

Silberrahmen

1 Entfernen Sie Rückteil und Glas von einem Holz-Kassettenrahmen. Grundieren Sie ihn und tragen Sie nach dem Trocknen zwei Schichten dezenten Acryllack auf, dabei jede Schicht trocknen lassen.

2 Tragen Sie eine Schicht Vergoldungsleim auf. Wenn dieser nach ca. 15 Minuten klebrig wird, bedecken Sie den Rahmen nach und nach mit Stücken von Silberfolie. Wenn die Folie angeht, vorsichtig das Trägerpapier entfernen (siehe Seite 155).

3 Über Nacht trocknen lassen, dann mit einer Schicht Flüssigwachs versiegeln und wieder trocknen lassen.

4 Ersetzen Sie das Rückteil durch einen zurechtgeschnittenen Spiegel und stellen Sie kleine Objekte davor.

Für Dies und Das

1 Entfernen Sie das Glas von einem Holz-Kassettenrahmen und messen Sie Breite, Höhe und Tiefe des Innenraums aus.

2 Für die Abteile schneiden Sie Streifen aus 3 mm dickem Modellbau-Holz zu, die ca. 3 mm weniger breit sind als der Rahmen tief ist, damit das Glas zum Schluss wieder daraufpasst. Hier wurden vier Streifen vertikal und drei horizontal verwendet.

3 Mit Bleistift und Lineal markieren Sie die Stellen, an denen sich die Holzstreifen kreuzen, dann sägen Sie dort mit einer Laubsäge 3 mm breite Einschnitte bis zur Hälfte der Höhe in die Streifen.

4 Stecken Sie die Streifen ineinander und kleben Sie das Ganze an das Rückteil des Rahmens.

5 Malen Sie Seiten-und Rückwände jedes Kästchen mit einer anderen Emailfarbe an und lassen Sie alles trocknen.

6 Zu Schluß streichen Sie den Rahmen außen noch mit zwei Schichten weißer Emailfarbe, bestücken die Abteile mit ihren Habseligkeiten und setzen das Glas wieder ein.

Spiegel und Bilderrahmen

Alte oder schmucklose Bilderrahmen und Spiegel können Sie einfach und doch sehr effektvoll zu neuen Glanzstücken aufpolieren. Bevor Sie aber ein Bild aufhängen, bitten Sie jemanden, es an die Wand zu halten, während Sie es aus einem anderen Winkel betrachten. Gleiches gilt für Spiegel: Richtig angebracht können Sie einen Raum viel größer erscheinen lassen. Sie lassen sich übrigens gut mit Zeitungspapier reinigen.

Bonbonpapier-Rahmen

1 Sammeln Sie die Papiere von Ostereiern, Bonbons, etc.

2 Entfernen Sie Rückteil und Glas von einem Holzrahmen. Tragen Sie Polyvinyl Acetat Kleber auf den Rahmen auf, bedecken Sie ihn mit den Papieren, und streichen Sie diese glatt. Trocknen lassen.

3 Tragen Sie eine Schicht Polyurethan-Lack auf und lassen auch diesen trocknen. Danach den Rahmen wieder zusammenfügen.

Alte Rahmen

1 Entfernen Sie Rückteile und Glas von zwei alten Bilderrahmen, dann säubern und grundieren sie diese, falls nötig.

2 Besprühen Sie den einen Rahmen mit zwei bis drei Schichten rotem, den anderen mit pinkem Email-Farbspray, dabei immer jede Schicht trocknen lassen.

3 Für den roten Rahmen lassen Sie sich vom Glaser einen Spiegel auf die Maße des Rückteils zuschneiden und setzen Sie diesen dann wie ein Foto ein.

4 Für den rosa Rahmen schneiden Sie ein Stück MDF leicht-Platte entsprechend zurecht und tragen zwei Schichten Tafellack darauf auf. Nach dem Trocknen einfügen und mit Reisszwecken befestigen.

Federspiegel

1 Schneiden Sie einen Streifen Federband auf die Umfangmaße eines runden Spiegels plus 2 cm zu.

2 Sägen Sie aus einer 1 cm dicken MDF leicht-Platte einen Kreis aus, der 2 cm mehr Umfang hat als der Spiegel. Schleifen Sie die Kanten ab und bringen Sie hinten mittig einen Haken an.

3 Streichen Sie die Platte mit zwei Schichten Acryllack in der Farbe der Federn, dabei jede Schicht trocknen lassen. Anschließend kleben Sie den Spiegel mit Kontaktkleber auf das Holz und lassen alles antrocknen.

4 Kleben Sie die Federn mit einem klaren, stark haftendem Kleber so auf das Holz, dass sie bündig an der Spiegelkante ansetzen und die Enden sauber abschließen.

Herzschablone

1 Nehmen Sie einen Clip-Rahmen auseinander und legen Sie das Glas mit der Außenseite nach unten auf eine Zeitung.

2 Zeichen Sie ein Herz, das in den Rahmen passt, aber mit je 2 cm Randabstand auf Karton, schneiden Sie es aus und kleben Sie den Karton mit einem Kreativ-Sprühkleber an das Glas.

3 Sprühen Sie zwei bis drei Schichten roten Emailspray über das Glas, dabei jede Schicht trocknen lassen. Die Kartonschablone entfernen und evtl. Kleberreste mit einem feuchten Tuch abwischen.

4 Kleben Sie eine Foto- oder Bildermontage auf den Rückkarton des Rahmens, so dass sie durch das Herz scheint und setzen Sie alle Teile wieder zusammen.

I love you

1 Entfernen Sie Rückteil und Glas eines Holzrahmens, grundieren Sie ihn und tragen Sie nach dem Trocknen zwei Schichten Glanz-Emailfarbe auf, dabei jede Schicht für sich trocknen lassen.

2 Schneiden Sie ein Stück festen roten Karton auf die Maße des Rückteils zurecht und bringen Sie mit einem doppelseitigem Klebeband Reihen aus gestickten »I love you«´s darauf an.

Diamant-Rahmen

1 Entfernen Sie Rückteile und Glas von zwei runden Holzrahmen. Tragen Sie jeweils eine Schicht Grundierung auf und nach dem Trocknen zwei Schichten weiße Emailfarbe.

2 Mit einem stark haftendem klaren Kleber befestigen Sie anschließend Reihen von Strasssteinchen rund um den Rahmen.

Stuck-Verzierung

1 Wählen Sie einen Spiegel mit einem breiten Holzrahmen aus und decken Sie die Spiegelränder mit Kreppband ab.

2 Rühren Sie Stuckgips (s. Packungsangabe) an und gießen Sie ihn in eine Gummi-Eiswürfelform mit runden oder anders geformten Vertiefungen.

3 Wenn der Gips nach ca. 1–2 Stunden trocken ist, die einzelnen Teile aus der Form lösen und über Nacht trocknen lassen.

4 In regelmäßigen Abständen kleben Sie nun mit Kontaktkleber die Gipsförmchen an den Rahmen.

5 Wenn der Kleber trocken ist und die Förmchen fest haften, malen Sie das Ganze mit zwei bis drei Schichten weißem Glanz-Acryllack an.

Glasbehälter

Viele Lebensmittel und Getränke werden heutzutage in Gläsern angeboten, von denen einige so schöne und interessante Formen haben, dass es fast zu schade ist, sie einfach wegzuwerfen, sobald sie leer sind. Gespült und von Etiketten befreit, bieten solche Gläser und Flaschen unzählige Möglichkeiten, schnell und einfach extravagante und stimmungsvolle Deko-Objekte zu entwerfen. Sie können auch genausogut billige Vasen nehmen und diese mit Glas- oder Emailfarbe anmalen, sie bekleben oder verpacken... Instant Deko at it´s best!

Die Etiketten von Gläsern lösen sich ganz leicht, wenn man sie einige Zeit in sehr heißem Seifenwasser einweicht. Trocknen Sie die Gläser danach gut ab, bevor Sie sie, z.B. mit Glas-oder Emailfarbe verzieren.

Vasen mit Holzeffekt

Messen Sie Umfang und Höhe einer glatten Glasvase aus. Schneiden Sie dann einen passenden Streifen selbstklebende Holzeffekt-Folie zu, der 2cm breiter als die Vasenhöhe ist. Kleben Sie die Folie auf, indem Sie das Trägerpapier dabei lösen und schlagen Sie die überstehenden 2cm über den oberen Vasenrand nach innen ein.

WILLEM DE KOONING
Paintings

Verpackte Flaschen

Tragen Sie eine Schicht Emailfarbe auf die obere Hälfte einer Glasflasche und lassen Sie die Farbe trocknen. Wickeln Sie die Flasche in ein Stück Leinen- oder anderen Stoff und befestigen Sie ihn mit bunten Bastbändern. Verpacken Sie noch ein paar mehr Flaschen so und verwenden Sie dabei verschiedene Farben und Wickeltechniken für die Bänder. Jeweils mit einer frischen Blume bestücken und in Reihen oder Gruppen aufstellen.

Pailletten-Vasen

Tragen Sie stark haftenden Kleber auf den unteren Teil einer Glasflasche auf und wickeln Sie von unten beginnend Paillettenschnüre darum. Tragen Sie den Kleber in Etappen auf, bis Sie oben sind und achten Sie darauf, dass keine Zwischenräume zwischen den Schnüren entstehen.

Erleuchtete Gläser

Füllen Sie ein paar Marmeladegläser zu drei Vierteln mit Leitungswasser, das Sie jeweils mit einer anderen Lebensmittelfarbe einfärben. Dann setzen Sie ein Teelicht oder eine Schwimmkerze ins Wasser.

Gepunktete Schalen

Kleben Sie in willkürlicher Verteilung weiße selbstklebende Punkte (Schreibwarenhandel) auf die Innenseite von schlichten durchsichtigen Glasschalen. Tragen Sie auf die Innenseite der Schalen zwei Schichten blaue oder pinke Emailfarbe auf, die Sie zwischen den Schichten trocknen lassen. Wenn die Farbe trocken ist, geben Sie noch eine Schicht klaren Emaillack zum Schutz darüber. Lassen Sie den Lack gut trocknen, bevor Sie die Schalen benützen. Füllen Sie sie nicht mit Lebensmitteln.

MADE IN SWEDEN BY
LEAF SVERIGE AB, GÄVLE, SWEDEN/SUEDE

Pflanze im Sieb

Legen Sie ein altes Metallsieb mit Moos aus und pflanzen Sie ein Orchidee oder eine andere Hauspflanze in die Mitte. Stellen Sie das Ganze auf ein Tablett o.ä., um die Tropfen beim Gießen aufzufangen.

Metallbehälter

Bevor Sie leere Konservendosen wegwerfen, werfen Sie lieber einen Blick auf die folgenden Recycling-Ideen. Säubern und trocknen Sie die Dosen gut und feilen Sie scharfe Kanten glatt. Wenn sie Metalldosen verwenden, achten Sie darauf, dass diese innen ganz trocken sind, sie rosten sonst.

Servier-Tablett

1 Bohren Sie mit einer Ahre zwei Löcher (zu den Kordeln passend, siehe Punkt 4) im Abstand von 10 cm in die eine Seite von einem Metallbehälter und zwei andere genau gegenüber und feilen Sie die Kanten glatt.

2 Malen Sie den Behälter mit zwei Schichten Emailfarbe an, innen pflaumen- und außen wasserfarben.

3 Wenn die Farbe trocken ist, schneiden Sie aus einer Grusskarte ein Blumenmotiv aus und kleben es mit Polyvinyl Acetat Kleber in die Mitte des Tabletts. Mit einer Schicht klarem Emaillack versiegeln.

4 Für die Griffe schneiden Sie zwei Stücke 35 cm lange Kordel zurecht, fädeln diese, wenn die Farbe trocken ist, durch die Löcher und befestigen Sie an den Innenseiten mit Knoten.

Konserve auf Rollen

Verwandeln Sie leere Konserven aus dem Gastronomiebereich in individuelle Tonnen. Säubern und trocknen Sie einen Behälter gut, dann bohren Sie mit einem Metallbohrer vier kleine Löcher für die Rollen in den Boden, die Sie mit Schrauben und Muttern oder sehr stark haftendem Kleber befestigen.

Gestreifte Dosen

Säubern und trocknen Sie ein paar Konservendosen und glätten Sie scharfe Kanten mit einer Metallfeile. Decken Sie einige Stellen mit Kreppband ab und streichen Sie die Freiräume mit zwei Schichten Emailfarbe, dabei jede Schicht für sich trocknen lassen. Malen Sie die abgedeckten Stellen und das Innere der Dose an. Wenn Sie nur wenig Farben haben, mischen sie diese untereinander.

Vorratsbehälter

Entfernen Sie die Etiketten von großen Kaffeedosen (s. S. 132), säubern und trocknen Sie diese. Bohren Sie mit einer Ahre in die Mitte jedes Deckels ein Loch für die Halter, dann streichen Sie jeden Deckel mit zwei Schichten heller Emailfarbe, dabei jede Schicht für sich trocknen lassen. Zum Schluß bunte Plastikformen als Halter anschrauben.

Plastikschlaufen

Mit Hilfe einer Stopf-oder Haarnadel bohren Sie Löcher in einen durchsichtigen Duschvorhang. Dann ziehen Sie verschieden farbige Plastikschnüre hindurch und befestigen diese auf beiden Seiten mit Knoten.

Eiskristalle

Kleiner Farbkick für einen weißen Duschvorhang: Legen Sie den Vorhang auf eine ebene Unterlage. Drücken Sie eine Schneeschablone aus Karton an den Stoff und tragen Sie in den Leerraum blaue Emailfarbe auf. Die Schablone vorsichtig entfernen und so oft wiederholen, wie Sie Flocken wollen.

Wenn Sie Ihren eigenen Duschvorhang nähen wollen, wählen Sie einen Stoff, der 100% wasserdicht und nicht zu dünn ist. Die Falten kleben sonst zusammen, wenn er feucht wird und könnten schimmeln.

Duschvorhänge

Ein lustig gestalteter Duschvorhang kann in einem einfarbigen Bad Wunder wirken. Sie können entweder einen alten Vorhang gestalten oder auch gleich Ihren Eigenen nähen. Den Stoff dazu bekommen Sie am laufenden Meter, Aufhängungen gibt es fertig abgepackt in allen größeren Kaufhäusern.

Hängende Badeutensilien

Binden Sie ein paar Badeutensilien an bunte Plastikschnüre (bohren Sie ein Loch, wenn kein Haken daran ist) und hängen Sie diese an die Vorhangringe.

Rosenvorhang

Legen Sie einen glatten, farbigen Duschvorhang auf eine ebene Fläche und kleben Sie mit Vinyl-Kleber lauter Plastikrosen darauf. Fixieren Sie die Rosen während des Trockenvorgangs mit Kreppband, das Sie, sobald die Rosen gut am Stoff haften, wieder abnehmen.

Lochmuster-Borte

1 Um an einem vorhandenen Duschvorhang eine Borte anzubringen, schneiden Sie ein Stück PVC – der Breite des Vorhangs entsprechend und so lang Sie wollen – zurecht. Nehmen Sie für den oberen Rand eine Zickzackschere.

2 Der untere Rand wird bogenförmig eingeschnitten. Dazu schneiden Sie aus Karton einen flachen Halbkreis in der gewünschten Größe zu, legen diesen mit der Rundung an den unteren Rand des PVC-Streifens an und ziehen die Bögen mit einem Stift nach. Dann schneiden Sie die Bögen entlang dieser Linie aus und stanzen mit einer Lochzange Löcher über den Rand.

3 Bringen Sie die Borte mit Vinyl-Kleber am Vorhang an.

Stauräume

Aufräumen ist meistens nervig, besonders, wenn man wenig Stauraum hat. Bevor Sie sich jetzt aber supertolle, neue Kisten und Kästen kaufen, sehen Sie sich die folgenden Ideen an – die bieten Ihnen »drei in einem«: Sie können all Ihre leeren Kisten, etc. zum Einsatz bringen, Sie erleichtern sich das Aufräumen, und es sieht außerdem noch nett aus.

Bevor Sie nach geeigneten Behältnissen Ausschau halten: Messen Sie die zu verstauenden Güter und den Raum, der Ihnen für den oder die Behälter zur Verfügung steht, aus.

Rollender Saubermann

1 Schneiden Sie ein Stück MDF leicht-Platte auf 38 x 18 cm zu. Schleifen Sie die Kanten glatt und bringen Sie auf der Unterseite an jeder Ecke eine Rolle an.

2 Tragen Sie eine Schicht Grundierung und zwei Schichten gelben Latex-Glanzlack auf.

3 Entfernen Sie die Etiketten von 4 kleinen Chips-Behältern und streichen Sie diese mit je zwei Schichten Emailfarbe.

4 Kleben Sie ein Band über jede Becherkante und anschließend alle Becher in einer Reihe auf das Holz.

Obststeigen

Billiger geht´s nicht! Bitten Sie Ihren Obst- oder Gemüsehändler um leere Steigen. Säubern Sie die Kisten, reparieren Sie eventuell lose Teile und bewahren Sie von Socken bis Geschirr alles darin auf.

Wäschetonne

1 Schneiden Sie zwei Stück rotgepunkteten Stoff zu, die in der Länge der Höhe der Tonne plus 22 cm entsprechen, in der Breite dem halben Tonnenumfang plus 20 cm.

2 Legen Sie die Stoffrückseiten aneinander und nähen Sie sie mit einem jeweiligen Randabstand von 2 cm an beiden langen und einer kurzen Seite zusammen.

3 Wenden Sie den Stoffsack und schlagen Sie an der Öffnung den Stoff 10 cm um. Bügeln Sie die Kante fest.

4 Nähen Sie einen 2 cm breiten Lauf für das Gummiband, den Sie im Reihstich einmal 8, einmal 6 cm vom Stoffrand ab gerechnet, einnähen. Lassen Sie eine kleine Öffnung zum Einfädeln.

5 Befestigen Sie am einen Ende eines Gummibandes eine Sicherheitsnadel und fädeln Sie diese durch den Lauf. Knoten Sie die Enden des Gummibandes zusammen und schneiden Sie überstehende Teile ab.

6 Setzen Sie den Sack in die Tonne ein und schlagen Sie das Gummiband über den Rand.

Tarnkisten

1 Säubern, schleifen und grundieren Sie zwei große Holzkisten. Dann tragen Sie innen und außen zwei Schichten (jede für sich trocknen lassen) hellblauen Acryllack auf.

2 Mit einem Stift oder einer Kreide zeichnen sie die Umrisse von Tarnmustern auf die Boxen und malen sie mit zwei Schichten mittelblauem Acryllack aus, dabei wieder jede Schicht gut trocknen lassen.

3 Zeichen Sie noch ein paar Figuren an, die die ersten zum Teil überlappen, und malen Sie diese mit dunkelblauem Acryllack aus.

4 Wenn die Farbe trocken ist und Sie mit ihrem Werk zufrieden sind, versiegeln Sie das Ganze mit zwei Schichten klarem Acryllack.

Aktenschrank

1 Wenn sich die Schubladen herausnehmen lassen, tun Sie das, stellen Sie sie auf eine Zeitung und säubern Sie sie danach den Schrank.

2 Besprühen Sie Fächer und Gehäuse je mit zwei Schichten (jede für sich trocknen lassen) eines anders farbigen Emailsprays. Drehen Sie die Teile dabei so, dass Sie stets horizontal sprühen können und warten Sie mit dem Drehen, bis die letzte Schicht ganz trocken ist.

3 Zum Schluß mit einer Schicht Klarlack besprühen und die Kästen erst nach dem vollständigen Trocknen einsetzen.

Augen brauchen Ordnung. Designen Sie ihre neuen Stauräume stets so, dass Material und Farben in den Raum passen und keine Unruhe schaffen.

中國特產
PRODUCT OF CHINA

Techniken

Die Grundausstattung

Ahle Spitzes Werkzeug, um Löcher in Holz oder dünnes Metall zu bohren.
Bohrmaschine
Farbroller Gibt es in verschiedenen Größen und Ausführungen. Möbel werden mit einem kleinen Roller besonders schön versiegelt. Nach dem Gebrauch gut auswaschen.
Gummihandschuhe Ein Muss, wenn man mit Färbe- oder Lösungsmitteln arbeitet.
Hammer
Handtacker Unersetzlich, um z.B. Möbel im Handumdrehen mit Stoff zu beziehen.
Kreppband Leicht wieder abzulösendes Klebeband zum Abdecken und als »Linienführung« bei allen Malerarbeiten
Nadeln Zum Feststecken, Löcher bohren und Durchfädeln von Bändern
Nähmaschine
Pinsel In allen möglichen Größen und mit verschiedenen Borsten erhältlich. Investieren Sie in gute Pinsel, die keine Haare lassen und leisten Sie sich für jede Arbeit den dafür speziellen Pinsel – es lohnt sich! Pinsel immer gut reinigen und nicht hart werden lassen (Plastiktüte). Mit Wasser auswaschen nach dem Arbeiten mit wasserlöslichen Farben; mit Terpentinersatz, wenn die Farbe auf Ölbasis hergestellt wurde.
Schere Leisten Sie sich eine gute, scharfe Schere für Stoff und eine kleinere für Papier.
Schleifpapier Von fein bis grob erhältlich. Unersätzlich, um scharfe Kanten zu glätten und Möbel von Farb- und Lackresten zu befreien.
Schraubenzieher
Stichsäge Diese elektrische Handsäge ist ideal für die Bearbeitung von MDF-leicht Platten und anderen Leichthölzern.
Textilmarker Ein spezieler Stift, der später wieder unsichtbar wird, zum Markieren auf Textilien.
Universalmesser Auch Teppichschneider oder Cutter genannt.
Wasserwaage Zum geraden Anbringen und Ausrichten von Gegenständen an der Wand.

Kleber

Die folgenden Klebstoffe wurden in diesem Buch verwendet. Lesen Sie vor dem Benutzen immer die Gebrauchsanleitung des Herstellers, um sich über Verwendung und Trockenzeiten zu informieren.

Kontaktkleber Wird auf beide Komponenten aufgetragen, erst nach ca. 10 Minuten Antrocknen werden die Teile zusammengefügt.

Heißklebe-Pistole Spezielle Klebestäbe werden in die Pistole gesteckt, wo sie aufgewärmt und flüssig werden. Ideal für alle normalen und kleinteiligen Klebearbeiten. Der Kleber ist klar, stark haftend und trocknet schnell.

Polyvinyl Acetat (PVA)Kleber Klarer Kleber auf Wasserbasis. Beim Auftragen weiß, wird aber klar nach dem Trocknen. Pinsel nach dem Auftragen sofort mit Wasser auswaschen.

Sprühkleber In verschieden Klebestärken erhältlich.

Vinylkleber Um zwei Vinylkomponenten miteinander zu verkleben.

Emailfarbe Eine obwohl nicht auf Wasserbasis hergestellte schnell trocknende Farbe, die auf verschiedene Oberflächen aufgetragen werden kann, z.B. auch auf Karton. Besonders geeignet für Metallanstriche.

Acrylbeize Diese Holzbeize auf Wasserbasis erzielt den besten Effekt auf unbehandeltem Holz, da sie alte Farb- oder Wachsreste nicht durchdringt. Sie zieht tief in das Holz ein, schützt aber die Oberfläche nicht, daher muss am Schluss eine Versiegelung aufgetragen werden.

Farbe

Der Markt hier ist so groß, dass es allein von Ihnen und der zu bearbeitenden Oberfläche abhängt, wofür Sie sich letztendlich entscheiden.

Unterlack, Grundierung Jede unbehandelte Holz-oder Gipsfläche muss vor dem Auftragen von Farbe zuerst grundiert werden. Sobald die Oberfläche entsprechend vorbereitet ist (siehe Seite 152), sollte eine Universal-Grundierung – ein auf Ölbasis hergestellter Anstrich mit kalkiger Beschaffenheit – aufgetragen werden, der meist ca. 8 Stunden trocknen muss.

Farben und Lacke Werden grundsätzlich entweder auf Öl- (sehr widerstandsfähig) oder auf Wasserbasis (trocknet schneller, weniger strapazierbar) hergestellt. Hier wird oft schnell trocknender Acryllack (auf Wasserbasis) benutzt. Er hat, wie alle Farben auf Wasserbasis, den Vorteil, dass man ihn auch mit Wasser verdünnen und so die Farbe variieren kann. Acryllack-Anstriche sollte man zum Abschluss mit einem Klarslack versiegeln. Für besonders farbintensive und widerstandsfähige Anstriche eignen sich am besten Kunstharz- oder High Solid Lacke. Sie müssen nicht mehr versiegelt werden, sind dafür aber geruchsintensiver und trocknen langsamer.

Siegellacke und Wachse

Siegellack ist farblos und dient zum Schutz der Oberflächen. Es gibt ihn von verschiedenen Herstellern und in unterschiedlichen Härtegraden.

Polyurethanlack Ein Klarlack auf Ölbasis mit einem leichten Gelbschimmer. Er ist extrem hart und vielseitig verwendbar und kann auf fast alle Oberflächen von Möbeln, Holz, Böden und Wänden aufgetragen werden. Wenn eine zweite Schicht aufgetragen wird, vorher über Nacht trocknen lassen. Pinsel mit Terpentinersatz reinigen.

Acryl- Siegellack Ein normal harter Klarlack auf Wasserbasis, der beim Auftragen milchig ist, beim Trocknen aber klar wird. Das Angebot ist riesig, fragen Sie nach dem für Ihre Zwecke passenden Lack. Pinsel mit Wasser auswaschen.

Möbelwachs Auf Bienenwachsbasis hergestellt und als flüssige oder feste Variante erhältlich. Mit einem farblosen Wachs können Sie farbig behandelte Oberflächen versiegeln, was diese allerdings nicht so widerstandsfähig hinterläßt wie eine Lackversiegelung. Mit einem weichen Tuch auftragen.

Oberflächen vorbereiten

Alle Oberflächen sollten sauber, trocken und intakt sein bevor sie behandelt werden. Gips und Holz grundieren. Von Holz alte Farb- und Lackreste mit einem Lösungsmittel oder Schleifpapier entfernen, die Oberfläche glätten und entstauben. Bei Gips oder Wänden die Fläche gut mit Zucker, Seife und Wasser reinigen und trocknen lassen. Eventuelle Löcher und Risse mit Spachtelmasse füllen und nach dem Trocknen mit feinem Sandpapier glattschleifen. Wenn die Wand in schlechten Zustand ist, diese besser tapezieren und die Tapete behandeln.

Abschleifen

Rauhe Oberflächen, die mit Farbe oder Lack behandelt werden sollen, müssen gut abgeschliffen werden. Bei Holz immer mit der Maserung gehen. Das Meiste kann man mit Sandpapier per Hand abschleifen, für größere Flächen empfiehlt sich eine Schleifmaschine. Tragen Sie beim Schleifen immer Mund- und Augenschutz und achten Sie auf genügend Luftzirkulation. Die Oberfläche anschließend mit einem feuchten Tuch abwischen und vor der Farbbehandlung trocknen lassen.

Bindebatik

Eine Methode, Stoffe zu färben und dabei Muster zu erzeugen. Dazu werden in den Stoff an verschiedenen Stellen »Nasen« gedreht und abgebunden oder geknotet, so dass sie die Färbung nicht annehmen. Abhängig vom Färbemittel per Hand oder in der Waschmaschine möglich. Wenn Sie in der Maschine färben, achten Sie darauf, dass die abgebundenen Stellen gut halten. Nach dem Färben die Abbindungen entfernen und den Stoff zum Trocknen aufhängen.

Nähen

Alle im Buch verwendeten Methoden sind Grundtechniken. Dennoch hier ein paar Tipps: Einen Saum näht man, indem man die Stoffkante ein- oder zweimal unterschlägt. Dann mit der Maschine oder per Hand nähen. Sie können alternativ dazu ein Webband benutzen, das Sie nicht annähen müssen, sondern nur aufbügeln. Es empfiehlt sich allerdings nur für dicke Stoffe. Mit Overlocking kann man gleichzeitig die Kante einfassen und den untergeschlagenen Stoff fixieren. Für manche Maschinen gibt es entsprechende Aufsätze, ansonsten wählen Sie den Zickzackstich. Alternativ dazu schneiden Sie die Ränder mit einer Zackenschere ab oder tragen Sie eine Lösung auf, die das Ausfransen verhindert.

Lackrisse

1 Wählen Sie zwei verschiedene Farben Acryllack aus. Tragen Sie zwei Schichten von der Grundfarbe auf die vorbereitete Oberfläche auf. Zwischen den Schichten trocken lassen.

2 Tragen Sie eine Schicht Reißlack auf und nach dem Trocknen eine Schicht von der anderen Farbe. Die Risse werden sofort sichtbar. Noch interessantere Strukturen ergeben sich, wenn Sie beim Autragen der zweiten Farbe die Streichrichtungen variieren.

3 Mit klarem Acryllack oder farblosem Wachs versiegeln.

Auf Alt trimmen

1 Wählen Sie zwei verschiedene Farben Acryllack aus. Tragen Sie zwei Schichten von der Grundfarbe auf die vorbereitete Oberfläche auf. Zwischen den Schichten trocken lassen.

2 Nach dem Trocknen tragen Sie mit einem Tuch eine Schicht Möbelwachs auf. Wieder Trocknen lassen.

3 Tragen Sie zwei Schichten von der zweiten Farbe über das Wachs auf, dazwischen trocknen lassen.

4 Wenn die Farbe ganz trocken ist, rubbeln Sie mit sehr feinem Schleifpapier vorsichtig über die Stellen des Möbels, die über die Jahre am meisten beansprucht würden, so dass die Grundfarbe wieder durchscheint.

Metallfolie

1 Silber-, Gold- und Bronzefolie sind in Bögen erhältlich. Tragen Sie zwei Schichten Acryllack auf die vorbereitete Oberfläche auf. Zwischen den Schichten trocken lassen.
2 Tragen Sie einen Acryl-Vergoldungsleim auf lassen Sie ihn ca. 15 Minuten antrocknen.
3 Wenn der Leim zäh-klebrig ist, einen Bogen Metallfolie daraufgeben und mit den Fingerspitzen oder einem weichen Tuch vorsichtig andrücken. Bogen für bogen arbeiten, bis die gewünschte Fläche ganz bedeckt ist.
4 Eventuelle Lücken entweder mit Folie ausfüllen, oder die Farbe darunter durchscheinen lassen. Über nacht trocknen lassen und mit flüssigem Wachs versiegeln.

Klebemotive

1 Tragen Sie zwei Schichten Acryllack oder Emailfarbe auf die vorbereitete Oberfläche auf. Zwischen den Schichten trocken lassen.
2 Schneiden Sie Papiermotive aus und arrangieren Sie diese auf der Fläche.
3 Kleben Sie die Motive mit wenig Polyvinyl Acetat Kleber auf.
4 Wenn dieser trocken ist, tragen Sie zwei Schichten klaren Acryl-Siegellack auf, dabei zwischen den Schichten trocknen lassen.

Mit Schablonen arbeiten

1 Tragen Sie zwei Schichten Acryllack auf die vorbereitete Oberfläche auf. Zwischen den Schichten trocken lassen.

2 Verwenden sie entweder gekaufte Schablonen oder machen Sie sich selber welche aus Karton oder dicker Overhead Folie, aus denen Sie mit dem Universalmesser die Motive ausschneiden. Plastikschablonen können, wenn man sie sofort wäscht, wieder verwendet werden. Befestigen Sie die Schablonen, indem Sie sie auf der Rückseite mit nicht-permanenten Kleber besprühen oder nehmen Sie Kreppband.

3 Mit einem speziellen Schablonen-Pinsel füllen Sie die Lerräume mit Farbe aus.

4 Wenn diese trocken ist, den Vorgang wiederholen, usw. Am Schluss mit Klarlack versiegeln.

Streifen exakt hinkriegen

1 Wählen Sie drei oder mehr verschiedene Farben Acyllack. Tragen Sie zwei Schichten von der hellsten Farbe auf die vorbereitete Oberfläche auf . Zwischen den Schichten trocknen lassen.

2 Wenn die Farbe trocken ist, unterteilen Sie die Fläche mit Hilfe von Kreppband gleichmäßig in vertikale Abschnitte. Ziehen Sie die Streifen entlang des Bandes mit zwei Schichten der zweiten Farbe nach.

3 Nach dem Trocken das Kreppband entfernen und die Fläche in gleichgroße, diesmal horizontale Abschnitte unterteilen. Wieder zweimal Farbe Nummer zwei auftragen.

4 Sobald die Farbe trocken ist, das Band wieder entfernen.

Silberpunkte

1 Tragen Sie zwei Schichten hellblauen Acryllack auf die vorbereitete Oberfläche, zwischendrin trocknen lassen.

2 Durch eine runde Schablone hindurch oder freihändig tragen Sie mit einem speziellen Schablonen-Pinsel Vergoldungsleim auf. Ca. 15 Minuten warten, bis dieser zähklebrig wird.

3 Aus Silberfolie entsprechend große Punkte ausschneiden und auf den Leim geben und andrücken. Nach einiger Zeit das Trägerpapier der Folie entfernen.

4 Wenn alle Punkte bedeckt sind, die überstehende Folie mit einem weichen Farbpinsel entfernen.

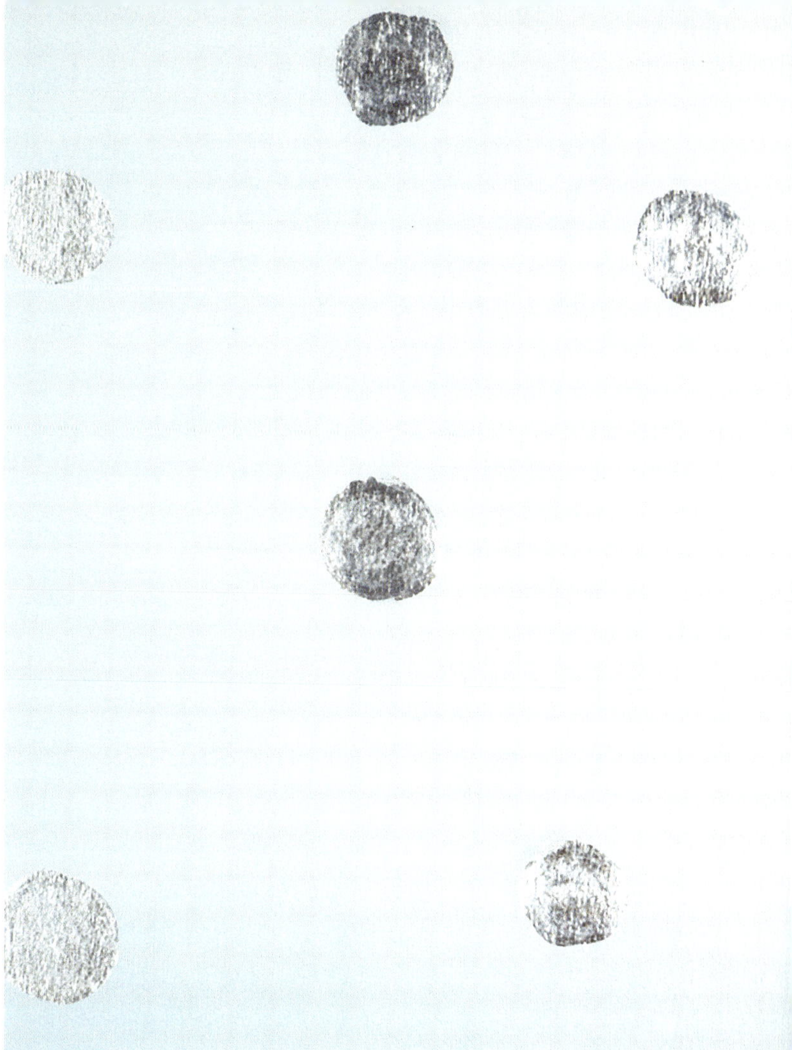

Effektglasur

1 Tragen Sie zwei Schichten Acryllack auf die vorbereitete Oberfläche, zwischendrin trocknen lassen.

2 Acryl-Effektglasur ist eine klare Glasur auf Wasserbasis. Füllen Sie etwas davon in eine Plastikwanne, geben Sie etwas Künstler-Acrylfarbe in gewünschter Farbe dazu und verrühren Sie beides gut.

3 Tragen Sie eine Schicht von dem Gemisch auf , mit einer Drahtbürste ritzen Sie die feinen Linien ein. Sie können mit Bürsten viele Effekte erzeugen, wie z.B. Maserungen, Rauhputz-Effekt oder Marmorierungen.

Fachhändler

Über die hier aufgelisteten Innungen bekommen Sie Informationen zu den jeweiligen Fachhändlern in Ihrer Stadt. Weitere Kontakte erfahren Sie über Ihre lokale Handwerkskammer (Auskunft).

GLASER-INNUNG

Berlin 030/72 51 02 26

Düsseldorf 0221/61 25 95

Köln 0221/25 22 12

Hannover 0511/85 87 46

Stuttgart 0711/46 40 10

MALER-INNUNG (AUSWAHL)

Dresden 0351/2 52 38 26

Düsseldorf 0211/39 18 93

Hamburg 040/34 38 87

Hannover 0511/31 47 96

Köln 0221/36 33 90

München 089/6 80 78 20

RAUMAUSSTATTER-INNUNG

Berlin 030/4 01 70 05

Nürnberg 0911/4 18 76 73

München 089/30 79 79 33

SCHREINER-INNUNG

Frankfurt 069/67 32 23

München 089/4 20 12 13

Nürnberg 0911/44 12 84

Offenbach 069/98 94 58 55

Danke…

… an die folgenden Unternehmen für Leihmaterial bei den Fotoshootings:

Graham and Green, Muji, Paperchase, Stirlings (alle London) und Treasures, Suffolk.

Register